나를 지탱해주는 언어

나를 지탱해주는 언어

이 책을 읽으며 나는 여러 번 페이지를 멈추었다. 문장이 어려워서가 아니라, 문장 하나하나가 마음에 닿아 잠시 숨을 고르게 만들었기 때문이다. 《나를 지탱해주는 언어》는 빠르게 읽히는 책이 아니라, 천천히 머무르게 하는 책이다. 그리고 그 머묾의 자리에서 독자는 자연스럽게 자신의 마음을 돌아보게 된다.

저자는 심리상담사이자 아나운서다. 말로 살아온 사람이고, 동시에 침묵으로 사람을 만난 사람으로, 이 두 세계를 모두 통과한 사람만이 쓸 수 있는 언어가 곳곳에 배어 있다.

방송의 언어가 전달과 설득을 향한다면, 상담의 언어는 기다림과 공명을 향한다. 저자의 글은 그 둘 사이의 긴장을 무리 없이 품으며, 말이 어떻게 사람을 살리고 어떻게 한 존재를 다시 일으켜 세우는지 보여준다.

이 책에서 말은 조언이 되기보다 기둥이 된다. "괜찮다"라는 말로 서둘러 덮지 않고, 지금의 상태를 정확히 바라보게 하는 언어, 자신을 다그치기보다 안아주게 만드는 언어가 조심스럽게 놓여 있다. 그것은 누군가를 바꾸기 위한 말이 아니라, 무너지지 않도록 곁에 서 있는 말이다.

그래서 마음을 가볍게 해주겠다고 약속하지 않는다. 대신, 무게를 안고도 설 수 있게 하는 언어의 자세를 보여준다.

특히 인상적인 것은 자신의 취약함을 숨기지 않는 저자의 태도다. 우울과 불안, 멈춤의 시간, 다시 살아가게 한 작은 목소리들에 대한 고백은 누군가를 가르치기 위한 서사가 아니라, 함께 걸어온 사람만이 건넬 수 있는 신뢰의 언어이다.

그래서 이 책을 읽는 우리는 '이해받고 있다'라는 느낌을 받게 되며, 그 이해는 분석에서 오지 않고, 공감에서 온다.

심리상담을 공부하는 이들에게는 좋은 참고서가 될 것이고, 말로 사람을 만나는 이들에게는 자신을 돌아보게 하는 거울이 될 것이며, 지금 삶이 버거운 독자에게는 잠시 기대어 숨을 고를 수 있는 언어의 의자가 되어줄 것이다.

이 책이 많은 이들의 곁에 오래 머물기를, 그리고 각자의 삶을 조용히 지탱해주기를 진심으로 바란다.

권수영(연세대학교 상담코칭학 교수, 한국상담진흥협회 이사장)

우리가 처음 만났을 때, 심리상담사 유세진이 내게 한 말이 생각난다.

현대인은 여러 형태로 마음의 상처를 입은 채 살아간다. 내가 받은 상처는 쉽게 기억하지만, 누군가에게 내가 준 상처는 상대적으로 기억을 못하고 살 수도 있다. 오래 두면 마음의 병이 되고 반드시 상담을 통해 치유의 과정을 거쳐야 한다고.

지금, 이 시대에 수많은 상담 프로그램이 새로 기획되고 만들어지는 이유가 여기에 있었다. 이 책은 그가 방송인과 상담사로 살아오며 자신 또한 치열하게 서야 했던 '몸부림'에 관한 공감과 위로를 담고 있다.

말을 직업으로 살아온 그가 자신을 방송이 아닌 상담실에서 만나온 수많은 사람과의 교류로 치유하는 말을 해온 과정이 놀랍도록 자세하다. 그가 건네는 말을 상담실이 아닌 책으로 만날 수 있다는 사실이 무척 반갑다.

그가 자신을 지탱해오고 수많은 내담자를 치유해온 '말'을 이 책에서 만나는 놀라운 체험을 함께해보길 권한다.

민선홍(프로듀서, 전 디즈니플러스 콘텐츠 시니어 매니저)

아나운서 유세진은 참으로 '별난' 동료다. 오랫동안 그와 많은 방송 프로그램을 함께한 나로서는 그가 별날 수밖에 없는 이유가 심리상담사라는 '부캐'에 있다는 데 기인함을 알게 됐다. 아나운서와 심리상담사를 동시에 걸어온 그의 행보가 눈길을 끄는 이유다.

그는 인터뷰할 때도 상담사 특유의 '돌봄과 공감'에 집중했다. 어느 순간 그와 대화를 나누다 보면 자연스러운 감정의 정화를 느끼게 된다. 놀라운 체험이다. 평생을 우리나라 홍보에 몸담아온 나의 관점으로 봐서 그가 보여준 돌봄과 공감은 'K-마음 돌봄'으로 명명하고 싶다. 한국인 특유의 따뜻함과 공감은 방송인과 상담사로 살아온 그가 살아온 삶 속 궤적과 일치한다.

그런 그가 'K-마음 돌봄'에 진심을 담아 출간한 이 책은 나의 홍보 욕구를 극대화했다. 13년 차 방송인인 그가 쉬운 언어로 독자의 마음을 보듬는 이 책은 독도만큼 내가 전 세계에 알려야 할 또 다른 '사명'이 됐다.

이 책과 함께 세계 어디에도 없는 'K-마음 돌봄'의 여정을 떠나시길 독자 여러분께 강력히 권한다.

서경덕(한국홍보대사, 성신여대 교수)

나를 지탱해주는 언어

마음에는 무게가 있다.

그러나 우리는 대부분 그 무게를 의식하지 않은 채 살아간다.

어떻게든 하루를 견디고, 역할을 수행하고, 다음 장면으로 넘어가느라

자신이 무엇에 기대어 서 있는지는 돌아보지 않는다.

그러다 어느 날 문득 알게 된다.

지금까지 무너지지 않고 살아올 수 있었던 이유가

의지나 강인함 때문만은 아니었다는 사실을.

어떤 말, 어떤 문장, 어떤 기억 속의 언어가

보이지 않는 기둥처럼 나를 떠받치고 있었음을.

살다 보면 피할 수 없는 무거움이 있다.

상실, 불안, 우울, 관계의 균열, 그리고 이유를 알 수 없는 지침.

그 무게 앞에서 우리를 지켜주는 것은
"괜찮다"라는 말보다
자신의 상태를 정확히 바라볼 수 있게 해주는 언어,
스스로를 안아주고 믿게 만드는 언어다.

이 책은 마음을 가볍게 만드는 방법을 알려주지 않는다.
대신, 무게를 안고도 서 있을 수 있게 하는 말들을 건네고자 한다.
어둠을 몰아내는 말이 아니라,
어둠 속에서도 숨을 고를 수 있게 해주는 언어들.

만약 지금 당신에게
기댈 힘이 조금 부족하다면,
자신을 믿어줄 말이 잘 떠오르지 않는다면,
이 언어들이 잠시 기대어 쉴 수 있는 자리가 되기를 바란다.
시원한 그늘처럼 곁에 머물고,
가려운 마음을 조심스럽게 긁어주며,
당신의 무게를 아주 조금 덜어줄 수 있기를.

목차

추천사 … 4

프롤로그 … 8

1 — 목소리로 여는 마음의 문
목소리의 온도가 마음을 움직인다 … 13
질문과 침묵, 그 사이에 피어나는 진심 … 19
스튜디오와 상담실에 두 발을 걸치고 있는 이유 … 24

2 — 감정을 숨기지 않을 용기
눈물은 약함이 아니라 해방이다 … 32
분노가 알려주는 진짜 나의 욕구 … 39
불안과 손을 잡고 걷는 법 … 47

3 — 다정함 속에 단단함을 세우다
'싫다'라고 말하는 힘 … 55
거리는 멀어져도 마음은 가까울 수 있다 … 63
다정함에 휘둘리지 않고 중심 잡기 … 69

4 — 상담실에서 들려온 속삭임
말하지 못한 마음 … 78
완벽해야 한다는 강박의 덫 … 86
어딘가에는 털어놓고 싶은 이야기 … 97
서로에게 기대는 마음의 여러 얼굴_
사랑받고, 인정받고 싶은 욕망의 뿌리 … 104

5 — 우울, 멈춤의 지혜

우울은 나약함이 아니라 깊은 감정의 숨이다 … 113

멈춤은 실패가 아니다_내면이 회복되는 시간 … 120

내 안의 어둠을 품을 때 비로소 보이는 빛 … 125

6 — 혼자 있을 수 있는 능력

혼자 있는 시간을 두려워하지 않는 법 … 133

혼자 있을 때 진짜 내가 보인다 … 139

고독은 나를 단단하게 만든다 … 148

7 — 대화가 치유가 되는 순간

내면의 속도_달리지 않아도 도착하는 법 … 157

피로사회에서 무너지는 마음 … 163

집중의 역설_아무것도 아닌 일에 쏟아지는 에너지 … 169

8 — 디지털 마음, 연결의 착시 속에서 나를 지키는 법

스크린 너머에선 마음이 왜 지칠까 … 178

비교의 늪, 알고리즘이 만든 불안 … 184

AI는 계산하고, 마음은 느낀다 … 192

디지털 디톡스, 현실의 감각을 되찾는 법 … 198

9 — 몸이 먼저 말해주는 마음의 언어

두통과 피로, 감정이 남긴 흔적 … 206

호흡과 이완, 긴장을 풀어내는 기술 … 213

걷고 움직이며 다시 살아나는 마음 … 219

에필로그 … 224

1

목소리로 여는 마음의 문

목소리의 온도가 마음을 움직인다

"전 선생님 보러 와요."

어느 내담자가 내게 한 말이다. 상담의 기법이나 기술 때문이 아니었다. 나의 옷차림, 말 모양새, 행동거지 자체를 보고 싶어서 온다는 것이었다. 상담을 오는 이유가 단순히 '사람' 때문일 수 있다는 사실이 처음에는 낯설었지만, 곧 깨달았다. 그것은 바로 비언어가 가진 힘이었다.

상담에서 말은 분명 중요하지만, 문자가 아닌 방식으로 전달되는 태도와 기운은 더 깊게 스며든다. 비언어는 상대에게 '여기 있어도 안전하다'라는 신호를 먼저 보내고, 마음을 붙들어 맬 수 있는 무게와 온도를 자연스럽게 만들어낸다.

내담자는 종종 말의 논리보다 표정의 흐름, 목소리의 결, 몸의 방향 같은 작은 요소들에서 '이 사람이 나를 진심으로 보고 있는지'를 더 명확히 감지한다. 바로 그 감지가 신뢰의 첫 실마리가 된다.

그래서 한 번 라포(rapport)가 맺어진 내담자가 성실히 방문하는 것도, 결국은 이런 비언어의 신뢰에서 비롯된다는 것을 알게 되었다. 말로 설명할 수 없는 안정감, 설명하기 어려운 '사람의 공기'가 상담을 다시 찾게 하는 가장 오래된 이유였다.

실제로 우리가 누군가를 신뢰하게 되는 순간을 떠올려 보면, 그 판단의 대부분은 말의 내용보다 말에 실린 분위기와 태도에서 시작된다. 이 경험을 설명하는 데 자주 인용되는 '메라비언의 법칙'[엘버트 메라비언(Albert Mehrabian)이 발표한 이론으로 감정과 태도가 담긴 메시지를 전달할 때 상대가 해석하는 데 영향을 주는 요소의 비율을 설명했다.]도 이를 뒷받침한다.

메시지를 이해하는 데 언어적 요소는 7%에 불과하고, 목소리의 톤과 억양 같은 준언어적 요소가 38%, 표정과 몸짓 같은 비언어적 요소가 55%를 차지한다는 내용이다.

이 수치가 절대적인 진리는 아니지만, 우리가 상대를 받아들이는 과정에서 비언어가 얼마나 큰 비중을 차지하는지 분명하게 보여준다.

"혹시 아나운서세요? 목소리가 또렷하게 들리고 음색이 좋으셔서요."

낯선 이에게 이런 말을 들을 때마다, 나는 내가 방송인이라는 사실을 숨길 수 없음을 실감한다. 사람들은 내 언어의 내용보다 언어를 감싸는 리듬과 울림, 그리고 사소한 몸짓까지 종합적으로 받아들인다.

음성의 높낮이, 음색, 말의 속도와 길이, 시선, 작은 손동작까지도 내담자에게는 하나의 신호다. 그리고 이 신호들이 앞서 말한 비언어적 신뢰와 맞물려 '이 사람은 믿을 만하다'라는 느낌을 더욱 단단하게 만든다.

결국 상담에서 내담자가 받는 위안은 '무슨 말을 들었는가'보다 '누가 어떻게 말해주었는가'에 더 가깝다. 비언어는 그렇게 말보다 먼저 마음에 닿아 상담의 문을 계속 열게 만드는 힘이 된다.

여기에는 또 다른 요인이 겹쳐 있었다. 방송인이라는 배경이 주는 독특한 신뢰였다. 내담자 중에는 기업 CEO, 고위 임원, 교수, 대중에게 알려진 인물도 있었다. 그들은 내 앞에 앉으며, 이미 나를 '자신의 비밀을 안전하게 지켜줄 사람'으로 보고 있었다.

방송인은 수많은 시선을 견디며 말을 다루는 직업이니, 상담실에서도 그 말의 무게를 가볍게 흘리지 않을 것이라 믿었을 터다. 내가 의도적으로 강조하지 않아도 업계의 특수성이 자연스레 내게 덧입혀준 옷이었다. 그 안에는 '이 사람은 나의 이야기를 함부로 다루지 않겠다'라는 기대가 얇게 스며 있었다.

오랜 시간 다져온 자기관리 역시 그 신뢰의 밑바탕이었다. 아나운서라는 직업은 외모와 이미지, 목소리와 말투, 비언어적 표현까지 끊임없이 다듬는 과정을 요구한다.

나는 발음을 교정하고, 목소리 톤을 관리하며, 표정과 몸짓 하나까지 수없이 점검했다. 그 습관들은 상담실에서도 고스란히 작동했다. 단정한 태도와 안정된 목소리가 내담자에게 편안함을 주었고, 그들이 자신의 마음을 더 깊이 열 수 있도록 도왔다.

소리는 단순한 물리적 파동이 아니다. 마음을 울리고 녹여내는 힘이 있다. 부드러운 목소리는 귀를 거쳐 뇌와 신경에 닿아 몸의 긴장을 풀어주고, 차분한 호흡과 안정된 톤은 '당신은 안전하다'라는 신호를 보낸다.

심리학적으로는 공명이라 부르고, 신경과학적으로는 미주신경이 자극되며 불안이 가라앉는 과정이라고 설명한다.

음악이 치유의 힘을 갖는 것도 같은 원리다. 하지만 사람들은 이 모든 설명을 떠나서 체험으로 안다. 얼어붙은 마음 위로 따뜻한 소리가 스며들 때, 그것은 파동이 아니라 손길이 된다. 목소리는 마음을 담고 삼켜내지 못한 감정을 소화하게 하는 그릇이 된다.

그리고 그 끝에 남는 것은 언제나 온도이다. 차갑지도, 지나치게 뜨겁지도 않은, 사람을 다시 숨 쉬게 하는 적당한 따뜻함. 나는 그 온도를 전하고 싶다. 내 목소리가 누군가의 마음에 닿아 다시 살아가고 싶다는 힘이 되어주기를 바란다.

1 ··· 나는 어떤 상황에서 나의 '진짜 목소리'를 감추거나 왜곡하는가?

2 ··· 지금의 내가 원하는 삶은 '누구의 기준'에 더 가까운가? 나인가, 타인인가?

3 ··· 내가 지금 붙잡고 있는 정체성은 지켜내려는 것인가, 아니면 버리지 못하는 것인가?

질문과 침묵, 그 사이에 피어나는 진심

어찌 보면 아나운서와 상담사는 정반대의 기술을 요구받는 직업이다. 아나운서는 말을 이어가며 공백을 메워야 하는 사람이고, 상담사는 오히려 침묵으로써 대화를 채워가는 사람이다.

방송에서는 흔히 3초 이상 정적이 흐르면 곧바로 '방송 사고'라고 한다. 하지만 상담에서는 상황이 다르다. 상담사가 지나치게 말을 메우면, 내담자가 자기 자신을 펼칠 공간을 빼앗기게 된다. 방송에서 침묵은 실수이지만, 상담에서는 치유가 된다.

그런데도 두 직업은 닮아있다. 아나운서가 질문으로 인터뷰이를 편안하게 하고, 상담사가 침묵 속에서 내담자의 이야기를 기다리듯, 결국 두 직업 모두 '사람을 담아내는 그릇'이 된다.

아나운서는 답을 대신 말하지 않고 상대가 스스로 드러낼 수 있도록 돕고, 상담사 역시 정답을 주지 않은 채 내담자가 자기 목소리를 찾도록 기다려준다.

흥미로운 점은, 이렇게 상반된 기술들이 내 안에서는 서로 충돌하지 않고 오히려 보완되었다는 것이다. 질문과 침묵은 서로를 방해하는 대신 나를 더 깊은 경청으로 이끌었고, 그 결과 인터뷰이든 내담자든 '나를 잘 알아준다'라는 감각을 경험할 수 있었다. 질문은 방향을 제시하고, 침묵은 그 길을 걸을 여유를 준다. 두 가지가 만날 때, 상대는 비로소 자기 진심을 꺼내 놓을 수 있었다.

아나운서의 세계에서 '듣기'란 대본을 전달하는 데 필요한 사전 단계일 때가 많다. 진행자는 상대의 말을 곧바로 받아쳐야 하고, 적절한 순간에 다음 질문을 던져 흐름을 이어가야 한다. 그래서 방송에서의 듣기는 언제나 즉각적 반응을 위한 준비 동작이다.

하지만 상담실의 듣기는 다르다. 상담에서 경청은 상대의 말을 곧장 끊어내지 않고, 충분히 펼쳐지도록 기다리는 여백의 기술이다. 겉으로는 조용히 듣고 있는 것 같지만, 내면에서는 온전히 내담자에게 주파수를 맞추고 있다. 말의 내용뿐 아니라 호흡의 속도, 억양의 흔들림, 손끝의 떨림까지 하나의 언어처럼 포착한다.

이것은 훈련으로도 갈고닦을 수 있는 기술이다. 질문과 침묵이 대화의 '틀'을 제공한다면, 경청은 그 틀을 실질적으로 작동하게 만드는 기술적 근육이다. 고개 끄덕임, 적절한 추임새, 짧은 되묻기 같은 작은 기술이 내담자에게 "내 이야기가 닿고 있구나"라는 확신을 준다.

재미있는 건, 방송에서도 비슷한 순간이 있다는 점이다. 인터뷰에서 상대가 긴 호흡으로 답할 때, 진행자가 불필요하게 끼어들지 않고 눈빛과 몸짓으로만 반응하면 오히려 더 풍성한 대답이 나온다. 상담에서의 경청과 방송에서의 인터뷰 기술이 겹치는 순간이다.

경청의 형식은 단순하다. 말의 맥락을 따라가며, 말하지 않는 부분까지 들어주는 것. 하지만 그 단순한 형식이 지켜질 때, 질문과 침묵은 제 역할을 발휘하고, 대화는 단순한 언어 교환이 아니라 관계의 장으로 확장된다.

결국 경청은 말의 기술을 넘어 마음의 리듬을 맞추는 일이다. 질문은 방향을 밝혀주는 등불이고, 침묵은 그 길을 걷는 시간을 선물한다. 그리고 그 사이에서 피어나는 것은 언제나 사람의 진심이다.

말은 사라져도 눈빛과 호흡, 고요히 이어지는 시간은 남는다. 경청은 상대의 언어를 단순히 받아 적는 행위가 아니라, 그 사람이 자기 이야기를 살아낼 수 있도록 옆에서 함께 호흡해 주는 일이다.

나는 방송에서든 상담실에서든, 그 호흡을 맞추는 순간마다 느낀다. 누군가의 목소리가 내 안에 울리고, 내 침묵이 누군가의 마음을 덮어줄 때, 대화는 단순한 말의 교환을 넘어 한 사람의 존재를 지탱하는 힘이 된다.

1 ··· 지금 내가 서 있는 두 세계(또는 두 역할)는 무엇이며, 둘 사이의 긴장은 어떤 방식으로 나를 성장시키고 있는가?

2 ··· 나는 '누구에게 보이는 나'와 '아무도 보지 않는 나' 사이에서 무엇을 잃고 무엇을 얻고 있는가?

3 ··· 나는 일·말·표현 중 어느 것에 가장 큰 에너지를 쓰고 있으며, 그 이유는 무엇인가?

4 ··· 타인의 마음을 듣는 나와, 나 자신의 마음을 듣는 나 중 어느 쪽이 더 어렵게 느껴지는가?

5 ··· 나는 지금 어떤 방식으로 '살아내고 있는가?' 그리고 그 방식은 나에게 정말 맞는 방식인가?

스튜디오와 상담실에 두 발을 걸치고 있는 이유

우리는 누구나 "나는 누구인가?"라는 질문 앞에 선다. 그 질문은 철학책 속 문장이 아니라, 삶이 우리를 몰아붙일 때 저절로 솟아오른다. 나에게는 음악이 그 시작이었다.

초등학교 때부터 음악은 내 삶의 언어였다. 플루트를 붙잡고 음표 속에 빠져 있던 시간이 나의 전부였다. 하지만 음악의 길은 내게 '닫힌 문'이라기보다 '열지 못한 문'에 가까웠다.

입시에서나 무대에서 거절당한 적은 없었다. 대신 집안에서 흘러나오는 조용한 공기, "음악가 집안이 아니니 네 앞길이 막힐까 봐 걱정된다"라는 부모님의 암묵적 우려가 나를 멈추게 했다.

직접적인 반대가 아니어도 나는 그 공기를 또렷이 감지했다. 그 무렵, 초등학교 6학년쯤부터 나는 소리 없이 홀로 자주 울기 시작했다.

그렇게 나는 스스로 눈치를 보며 포기하는 길을 선택했다. 용기를 내지 못한 채 '이 길은 내 것이 아닐지도 모른다'라는 자기 설득으로 나를 단념시켰다. 거절당한 게 아니라, 스스로 물러선 것이었다. 하지만 그 결정이 내 마음속에 남긴 자국은 예상보다 깊었다.

대학 입시를 앞두고 나는 자신을 '그렇게 해서는 안 된다'는 상자 안에 가두었다. 공부해야 한다는 압박 속에서 늘 울며 지냈다.

그래도 마음 한편에서는 다시 음악을 해보고 싶다는 열망이 꺼지지 않았다. 재수하겠다고 결심하기도 했고, 고3이라는 시기에 고등학교 음악회 무대에 올라 독주하기도 했다. 그러나 그것은 해결책이 되지 못한 채, 방황의 증거만 남겼다.

해결되지 못한 마음은 고정값이 되어 버린 슬픔 덩어리째 내 안에 부유했다. 나를 지탱해주던 언어가 사라진 자리에는 공허와 무력감이 차올랐다.

그렇게 마음이 문드러지도록 지쳐 있던 어느 날, 나를 찾아온 것은 우울증이었다.

설상가상 교통사고도 나를 덮쳤다.

함평 고속도로 부근에서 분기점을 정면으로 들이받은 차량은 서너 차례 전복되었고, 나는 그 충격에 튀어 나가 골반이 부러졌다. 목숨은 건졌지만, 그 대가는 가혹했다.

그 무렵, 삶은 또 한 번 멈춰 섰다. 두 달 가까이 병상에 누워 지내야 했고, 몸은 회복되었지만 마음은 그보다 훨씬 느리게 따라왔다. 기억은 자주 흐릿했고, 세상과 단절된 채 무기력 속에서 시간을 흘려보냈다.

역설적으로 그 시간은 나를 다시 살아 있게 한 계기가 되었다. 몸이 멈추자, 마음이 나를 향해 되돌아왔고, 나는 "이대로 무너질 수는 없다"라는 결심으로 조금씩 밖으로 나올 준비를 했다. 그때의 시간이 아니었다면, 지금의 나 역시 존재하지 않았을 것이다.

두 달 동안 나는 방문을 걸어 잠근 채 살았다. 새벽마다 잠들지 못해 뒤척였고, 특히 새벽 3시면 잠에서 깨곤 했다.

그 시간, 어둠 속에서 라디오를 켰을 때 들려오던 누군가의 목소리가 유일하게 나를 붙잡아주었다. 그 목소리는 작은 등불처럼 내 마음을 잠시나마 띄워 올렸고, 나는 그 정적 속에서 처음으로 위로라는 감각을 다시 느꼈다.

잠들지 못한 새벽마다 '내가 왜 살아야 하지?'라는 질문이 떠올랐다. 그 시간은 무의미한 공백 같았지만, 사실은 가장 치열한 시간이었다.

마음을 다잡기 위해 성경을 필사해 보기도 하고, 마음을 관찰하며 일기를 적고 새벽기도회에 참여해 보기도 했다. 스스로와의 대화를 멈추지 않았기에 심해 속에서도 작은 희망의 파편이 떠올랐다.

그러던 어느 날, 결정적인 계기가 찾아왔는데, 뜻밖에도 드라마였다. SBS 드라마 〈별에서 온 그대〉 속 도민준은 수백 년 전 지구에 남겨진 외계인으로, 초인적 힘을 지녔지만 인간 사회에서 고독하게 살아가던 존재였다. 그런 도민준이 배우 천송이와 다시 만나 서로의 상처와 외로움에 다가가는 장면에서, 나는 마치 신이 내게 직접 메시지를 건네는 듯한 울림을 받았다.

초월적이면서도 인간적인 존재가 누군가의 외로움에 다가가 손을 내밀어주는 그 순간이 바다 깊은 곳에서 먹먹히 머물러 있던 내 마음에도 따뜻하게 스며들었다.

그때 나는 시청자라기보다 주인공이 된 것처럼 큰 위로를 얻었다. 드라마를 매개로 자신을 위로하며 우울의 어둠 속에서 조금씩 걸어나왔다.

그 시간을 통해 나는 내가 감정을 섬세하게 이해하고, 감정의 흐름을 사유하는 사람이라는 것을 어느 때보다도 뚜렷하게 자각했다. 프로이트나 여러 심리학자가 인간의 내면을 탐구하며 길을 만들어간 이유도 어렴풋이 이해할 수 있었다.

나는 '이런 섬세한 감정을 지닌 사람들에게 전문성을 가지고 위로를 전하고 싶다'라는 생각을 처음으로 품게 되었다. 방송이라는 세계가 가장 예술적인 영역 중 하나라고 믿었고, '나도 누군가에게 목소리로 힘이 되는 사람이 되고 싶다'라는 바람이 생겼다.

그리고 놀랍게도, 어린 시절부터 나는 테이프가 몇 개 쌓이도록 내 목소리를 녹음하고, 다시 듣고, 발음을 교정하며 스스로 훈련해 왔다는 사실이 떠올랐다.

아울러 깨달았다. 과거의 경험과 지금의 순간이 하나로 이어지고 있었다는 것을, 내가 살아온 모든 조각이 '상담하는 아나운서'라는 길로 자연스럽게 수렴되고 있었다는 것을.

그 순간 나는 알았다. 내가 하고 싶은 일은 바로 이것이라고. 목소리로 누군가의 마음을 붙잡고, 희망을 건네는 일. 그렇게 '상담하는 아나운서'라는 정체성이 내 안에 자리 잡았다.

정체성이란 단순히 직업의 이름이 아니다. 삶의 바닥을 치고 나서도 다시 일어서게 만드는, "나는 어떤 방식으로 살아갈 것인가?"에 대한 대답이다. 나를 일으켜 세운 대답은 목소리였고, 상담이었고, 두 세계를 잇는 다리가 되어야겠다는 결심이었다.

그리고 그 결심은 곧 행동으로 이어졌다. 아나운서가 되려면 무엇보다 몸부터 단련해야 한다는 생각이 가장 먼저 떠올랐다. "당장 운동부터 해야 한다." 그 단순한 결론이 나를 두 달 만에 골방의 문을 열고 밖으로 나가게 만든 계기였다.

처음에는 체중을 줄이고 외모를 관리하기 위한 선택이었지만, 사실 그것은 심리적 죽음에서 벗어나 다시 삶으로 나아가는 첫 몸짓이었다.

스튜디오와 상담실은 그렇게 연결되었다. 마이크 앞에서도, 내담자 앞에서도 나는 같은 일을 하고 있었다. 누군가의 마음에 다가가고, 그 마음을 들어주고, 다시 살아갈 힘을 건네는 일.

하지만 그 지점에 서기까지는 적지 않은 시간이 필요했다. 아나운서는 자기관리 곧 외모와 이미지, 목소리와 말, 비언어적 표현까지 모두 가꿔야 하는 직업이었다. 나는 살을 빼고 목소리를 가다듬고, 몸짓과 표정 하나하나를 교정하는 과정을 오랫동안 이어갔다. 움츠러들어 있던 자신감 없는 상태에서 조금씩 자신감을 회복하기까지도 긴 시간이 걸렸다.

그렇게 다듬어진 과정 끝에 비로소 나는 스튜디오에서도, 상담실에서도 같은 마음으로 설 수 있었다. 그리고 그것이 내가 살아 있는 이유가 되었다.

1 ··· 내가 어릴 때 정말 원했던 것은 무엇이고, 그것을 포기하게 만든 힘은 무엇이었는가? (거절, 두려움, 눈치, 환경)

2 ··· 내가 스스로 물러났던 순간들은 지금의 나에게 어떤 상처 혹은 지혜로 남아 있는가?

3 ··· 삶이 가장 어두웠던 시기에 나를 붙잡았던 '작은 목소리'는 무엇이었는가?

4 ··· 지금의 정체성을 만든 핵심 언어(음악, 목소리, 위로, 존재 방식…)는 무엇이며, 그것은 어떻게 내 삶의 뿌리가 되었는가?

2

감정을 숨기지 않을 용기

눈물은 약함이 아니라 해방이다

"눈물을 흘리고 나면 그다음이 보이고, 어디로 나아갈지가 보여요."

스트레스받을 때마다 자주 눈물을 흘리던 내담자가 내게 했던 말이다. 그 말에는 단순한 감정의 표현을 넘어 삶이 다시 흐르기 시작하는 통로가 담겨 있었다. 눈물은 감정의 끝이 아니라 정화의 시작이었다.

그런데 왜 우리는 눈물을 흘리는 걸 두려워할까? 왜 울음은 여전히 '참아야 하는 것'으로 남아 있을까?

심리학에서 눈물은 종종 '정화(catharsis)'의 과정으로 설명된다. 프로이트는 억눌린 감정이 안전한 통로를 통해 표현될 때, 그 긴장이 해소되고 무의식의 압력이 풀린다고 했다.

눈물은 그 통로 중에서도 가장 인간적인 형태다. 켜켜이 쌓였던 감정의 퇴적물이 눈물로 빠져나갈 때, 마음의 방은 비로소 숨 쉴 틈을 되찾는다. 눈물은 단순한 감정의 표출이 아니라, 내면의 무게를 재정렬하는 자연스러운 치유의 장치이다.

하지만 우리는 종종 울음을 '약함'으로 여긴다. 사회는 여전히 눈물을 감정의 통제 실패 혹은 유약함의 증거로 본다.

우리는 강해야 한다는 신념 아래 울음 대신 이성을 선택하고, 감정 대신 논리를 내세운다. 나 또한 그런 시선을 의식하던 시절이 있었다. 마음이 흔들릴 때면 "이러면 안 되는데, 약해 보이겠지"라며 자신을 다그친 적이 있다.

그러던 어느 날, 내 상담 슈퍼바이저는 내게 이렇게 말했다.

"그게 더 인간답고 자연스러운 모습이에요. 오히려 감정이 굳어 있는 게 이상한 거 아닐까요?"

그 말은 내 안의 무의식적 기준을 무너뜨렸다. 감정이 있다는 건 아직 살아 있다는 증거였고, 눈물은 내가 인간임을 드러내는 가장 투명한 존재의 언어였다.

상담실에서 만난 수많은 내담자 가운데, 특히 남성들은 눈물을 더 깊이 숨기고 있었다. 그들은 어릴 때부터 "남자는 울면 안 된다"라는 말을 듣고 자랐고, 어른이 되어서도 '약한 모습'을 보이면 곧바로 신뢰를 잃을까 봐 두려워했다.

그래서 가족 앞에서도, 동료 앞에서도 단단한 표정을 유지했다. 그들의 눈물은 쉽게 허락되지 않는 영역이었다. 하지만 상담실에서 첫 눈물이 떨어지는 순간, 그들의 표정은 완전히 달라졌다. 마치 오래 막혀 있던 숨이 처음으로 터져 나온 사람처럼, 그 눈물 속에는 안도와 두려움, 후회와 용서가 동시에 섞여 있었다.

그들이 흘린 눈물을 보며 나는 알게 되었다. 눈물에는 여러 얼굴이 있다는 것을.

비장한 결단의 끝에서 흘리는 눈물, 치욕과 수치 속에서 흘러내리는 눈물, 설명할 수 없이 차올라 흐르는 슬픔과 감동의 눈물, 누군가에게 깊이 공감받았을 때 터져 나오는 눈물.

어떤 눈물은 이유도 모른 채 흘러내리기도 한다. 말로 다 표현되지 않은 감정이, 자기를 설명할 언어를 찾지 못해 눈물로 바뀌어 흐른다. 반대로, 감정이 충분히 이해되고 소화된 뒤에야 흘러나오는 눈물도 있다. 마음의 무게가 해방되는 마지막 한 방울처럼.

눈물은 단순히 슬픔의 언어가 아니다. 그것은 분노, 안도, 희망, 절망, 용기 같은 상반된 감정들이 서로 부딪치며 녹아내린 복합적인 감정의 결정체다. 눈물 한 방울에는 인간이 겪을 수 있는 거의 모든 정서의 흔적이 깃들어 있다.

그래서 눈물을 흘린다는 것은 감정이 자신을 온전히 느끼고 있다는 증거이며, 마음이 아직 살아 있다는 징표다.

나는 이렇게 말하고 싶다. 눈물은 마음이 안전하다고 느낄 때만 흐른다고. tvN 드라마 〈나의 아저씨〉에서 지안이 그랬다.

그녀는 누구에게도 기대지 못한 채 버텨 온 인물이었고, 단단한 껍질처럼 무표정한 얼굴로 삶을 견디던 사람이었다. 그런데 아저씨의 조용하고 꾸준한 선의 앞에서, 지안은 처음으로 '위험하지 않은 관계' '나를 있는 그대로 두는 시선'을 경험한다. 그 경험이 쌓이자 비로소 다리 위에서 홀로 목 놓아 울었다.

울음을 배우지 못한 사람이 처음으로 배운 울음, 혼자였지만 결코 혼자가 아닌 울음이었다. 이 장면은 상처가 언제 터지는지, 감정이 언제 비로소 숨을 쉬는지를 정확히 알려준다. 사람은 방어가 풀리고, "괜찮다"라는 확신이 몸 안에 들어오는 순간에야 비로소 감정을 표현할 수 있다.

때로 눈물이 부끄러운 이유는 아직 우리가 안전하지 않다고 느끼기 때문이다. 사회적 시선, 역할, 체면이 우리 마음의 문을 막고 있을 때, 눈물은 나오지 않는다. 그러나 눈물은 진정으로 안전하다고 느끼는 관계 안에서 자기 자신을 회복시키는 언어가 된다.

우리는 종종 이 안전의 경험을 너무 늦게 배운다. 누군가의 말이, 표정이, 조용한 기다림이 마음의 방어를 조금씩 풀어줄 때가 있다. 그때 비로소 "괜찮아, 너는 여기 있어도 돼"라는 보이지 않는 문장이 몸 깊숙이 들어오고, 그제야 울 수 있게 된다.

그래서 울음은 혼자가 아니라, '함께 있음'을 전제로 한 움직임이다.

누군가가 나를 해치지 않을 것이라는 믿음, 나의 전부를 드러내도 괜찮다는 신호가 축적될 때, 마음은 더 이상 버티지 않고 흐르기 시작한다. 그 흐름이 바로 회복의 첫 페이지다.

눈물은 약함이 아니라 회복의 시작이다. 울 수 있는 사람은 이미 자신을 다시 느낄 용기를 가진 사람이다.

심리학적으로 눈물은 '정서 조절(emotion regulation)'의 자연스러운 과정이다. 신체는 눈물을 통해 스트레스 호르몬(코르티솔)을 낮추고, 신경계의 긴장을 완화한다.

눈물은 생리적으로도 몸의 균형을 회복시키는 행위다. 그러니 눈물을 흘리는 사람은 무너진 사람이 아니라, 자신을 회복 중인 사람이다.

나는 종종 생각한다. 우리가 눈물을 흘릴 수 있다면, 그 눈물을 흘리는 자신을 위로할 수 있다면, 그것만으로도 충분히 강한 사람이 아닐까. 눈물을 감추지 않고 흘릴 수 있다는 건 감정을 견디고 다시 살아내겠다는 의지의 표현이기 때문이다.

눈물은 가장 인간적인 언어이자, 가장 용감한 표현이다. 울 수 있
다는 건 여전히 사랑할 수 있고, 여전히 살아 있음을 의미한다. 그러
니 눈물은 약함이 아니다. 눈물은 마음이 자신을 구하는 방식이자,
해방의 시작이다.

1 ··· 내 감정이 '안전하다'라고 느끼는 사람은 누구인가? 그 이유는 무엇인가?

2 ··· 울고 싶었지만 울지 못했던 경험이 있다면, 무엇이 나를 막았는가?

3 ··· 감정을 설명할 때 나는 이성적 언어를 먼저 사용하는가, 감정적 언어를 먼저 사용하는가?

4 ··· 내 눈물은 슬픔 때문인가, 공감 때문인가, 혹은 그 사이의 복합적인 감정 때문인가?

분노가 알려주는 진짜 나의 욕구

분노는 자기 자신에게 보내는 구조 요청이다. 심리학자 윌리엄 제임스(William James)에 의하면 우리의 '자기(self)'가 위협받을 때 분노가 일어난다. 내가 소중히 여기는 것, 내가 지키려는 가치, 나의 존재 자체가 침범당했다고 느낄 때 분노는 방어막처럼 솟구친다.

우리나라에서는 분노를 어떻게 드러내는가. 여전히 목소리가 크면 이긴다는 명제가 통용되는 것 같다. 회의실에서든, 가정에서든 더 크게 소리치는 사람이 주도권을 쥔다.

하지만 그 큰 목소리가 정말 강함의 표현일까? 상담사의 눈에는 그 반대의 풍경이 보인다. 한 사람의 목소리가 잔잔하고 고요할수록, 오히려 그 사람은 자기 내면과 단단히 연결되어 있다. 언어든 비언어든 표현 방식은 자신을 얼마나 확실히 증명하고 있는지를 보여주는 지표다.

진실은 원래 크게 외치지 않아도 된다. 내가 누구인지, 무엇을 느끼는지를 스스로 확신한다면 굳이 증명하려 들지 않는다.

여성이란 것을, 남성이란 것을 굳이 증명하려 하는 사람은 없다. 내가 누구의 엄마임을, 아빠임을 외쳐야 할 이유도 없다. 이미 관계로 증명된 진실은 언어가 필요하지 않다.

오히려 자기 확신이 부족할 때 더 큰 소리로 자신을 설득하려 한다. 내 안의 진실이 충분히 증명되지 못했을 때, 우리는 그 공백을 목소리로 메우려 한다.

분노도 마찬가지다. 분노가 격렬할수록, 그 사람은 더 절박하게 이해받기를 원하고 있다는 뜻이다.

분노는 아직 온전히 이해받지 못한 마음의 진실이 세상에 닿고자 내지르는 외침이자 절규다. 충족되지 못한 소망이 이뤄지지 않았음을 알리는 신호이며, 인간으로서의 존엄이 훼손되었다는 사실에 대한 몸부림이다.

누군가는 인간으로서 마땅히 받아야 할 대우를 받지 못해서, 또 누군가는 사랑받지 못한 채 외면당한 마음 때문에 분노한다. 그리고 어떤 이는 부당한 세상 앞에서, 정의가 침묵한 자리에 서서 분노한다.

분노는 나 하나의 감정이 아니라, 사람과 세상 사이에서 균열이 났음을 알리는 붉은 경보기다.

그렇다고 분노가 언제나 명료한 형태로 나타나는 것은 아니다. 분노의 얼굴은 시간에 따라 변한다. 처음 마주하는 분노는 비교적 단순하다. '이건 아닌 것 같은데'라는 작은 위화감, '나는 이렇게 대우받을 사람이 아닌데'라는 불편함에서 시작한다.

이 단계의 분노는 아직 해석할 수 있고, 표현할 수 있으며, 조절할 수 있다. 하지만 그 신호를 무시하면 상황은 달라진다.

분노는 점층적이다. 처음엔 단순한 불편함에서 시작하지만, 참음이 쌓이고 억눌림이 반복될수록 그 감정은 불붙은 기름처럼 번져간다. 불씨가 커질수록 본래의 원인을 잃어버린다. 그리고 나중에는 자기가 왜 이렇게까지 화가 났는지조차 모른 채 폭발해 버린다.

그때 사람들은 자신에게 실망하고 자책한다. "이렇게까지 화낼 일은 아니었는데." 하지만 기억해야 한다. 처음의 분노는 진짜였다. 다만 표현의 길을 잃었을 뿐이다.

한 중년 남성 내담자가 있었다. 그는 회사에서 늘 '불같은 상사'로 불렸다. 하지만 상담실에서는 오히려 말끝을 흐리며 자기 말을 삼키는 사람이었다.

"화를 내면 버려질까 봐 무서워요."

이 한마디에서 나는 그의 분노가 결코 타인을 향한 공격이 아니라, 버려지지 않으려는 몸부림이었음을 깨달았다.

분노는 상처받은 사랑의 또 다른 얼굴이었다. 그가 화를 내던 이유는 결국 "나도 존중받고 싶다"라는 외침이었고, 그 감정이 해석되는 순간, 그는 조용히 울었다.

그의 눈물을 보며 나는 생각했다. 분노 뒤에는 늘 이렇게 상처받은 마음이 숨어 있다는 것을. 그리고 그 마음은 대부분 '보호받고 싶다' '인정받고 싶다' '중요한 존재로 여겨지고 싶다'라는 욕구에서 비롯된다는 것을.

그 욕구가 무시되거나 짓밟힐 때, 인간은 존엄의 균형을 잃는다. 분노는 그 균형이 깨졌다는 신호이자, 자신의 경계가 침범당했다는 알람이다.

하지만 우리는 그 신호를 '폭발'로만 해석한다. 그래서 화를 억누르거나, 혹은 더 큰 분노로 덮어버린다. 진짜 분노는 폭발이 아니라, 마음이 자신에게 건네는 구조 요청인데 말이다.

분노가 지나간 자리에는 늘 침묵이 남는다. 그러나 그 침묵이 곧바로 이해로 이어지지는 않는다. 대부분의 사람은 그저 지쳐버리고, 마음속 어딘가에 쓴 찌꺼기처럼 분노를 남긴다.

그 침묵 속에서 감정이 서서히 가라앉을 때, 아주 조심스럽게 다른 감정이 얼굴을 내민다. "나는 나답게 대우받고 싶었다." "나는 사랑받고 싶었다." 그 마음을 완전히 언어로 붙잡지는 못하더라도, 분노의 밑바닥에 그 진심이 있었다는 것을 어렴풋이 감지하는 순간이 있다.

그때 우리는 비로소 알게 된다. 분노는 단지 폭발이 아니라, 자신을 지키기 위한 몸부림이었다는 것을.

완전한 이해가 아닌 단 한 번의 자각이라도 그 경험을 다르게 만든다. 분노는 흩어진 자아를 다시 모으는 길의 시작이다. 그 지점에서 우리는 분노를 통제하는 것이 아니라, 분노에 귀를 기울인다.

"나는 지금 무엇을 잃어서 이렇게 화가 나는 걸까?" 이 질문을 던질 수 있을 때, 분노는 더 이상 나를 휘두르지 못한다. 오히려 나를 이해로 이끄는 안내자가 된다.

분노를 제대로 이해하기 시작하면, 그 감정은 더 이상 두려운 적이 아니다. 오히려 내 안의 상처가, 나를 지키기 위해 세운 마지막 방어막임을 알게 된다.

분노의 결계를 하나씩 벗겨내면, 그 안에는 늘 상처받은 마음이 있다. 나를 인정해주지 않은 누군가에 대한 서운함, 반복된 좌절의 흔적, 그리고 '또다시 버려질지도 모른다'라는 두려움.

그 마음에 닿는 순간, 분노는 방향을 바꾼다. 공격에서 이해로, 외침에서 회복으로. 분노의 본질은 파괴가 아니라, 자신을 지켜내려는 본능이기 때문이다.

분노는 나쁜 감정이 아니다. 그것은 내면의 경계가 침범당했음을 알리는 신호이자, 살아 있다는 증거다. 진짜 위험은 분노가 아니라, 분노조차 느끼지 못하는 무감각이다.

우리는 화를 내지 않기 위해 자신을 억누르지만, 그 억눌림 속에서 더 큰 상처가 자란다. 분노는 나를 파괴하기 위해 찾아온 게 아니라, 나를 지켜내기 위해 찾아온 감정이다.

우리는 여전히 분노를 비이성으로 규정한다. 하지만 이성은 감정을 부정하는 데서 생기지 않는다. 오히려 감정을 이해할 때 비로소 생긴다.

분노를 다루지 못하는 사회는 결국 감정 문맹 사회가 된다. 감정을 모르는 사회는 타인의 고통에도 둔감하다. 그래서 분노를 건강하게 말할 줄 아는 건, 성숙의 증거다.

눈물과 분노는 정반대처럼 보이지만, 둘 다 같은 뿌리에서 자란다.

마음이 억눌릴 때, 어떤 이는 울고 어떤 이는 화를 낸다. 울음은 안으로 흐르는 분노이고, 분노는 밖을 향한 눈물이다. 두 감정 모두 '살고 싶다'라는 마음의 몸짓이다.

결국 분노는 자신을 향한 사랑의 언어다. 다만 그 사랑이 때로는 서툴고, 불꽃처럼 거칠 뿐이다.

분노를 들여다보면, 그 아래에는 늘 외로움과 슬픔, 인정받지 못한 진심이 자리한다. 그 진심을 알아차리는 순간, 우리는 더 이상 분노에 휘둘리지 않는다. 오히려 분노에서 배운다. "나는 이렇게 대우받을 가치가 있는 사람이구나." 그 깨달음이 일어날 때, 분노는 사라지고 존엄이 남는다.

1 ··· 지금 내 분노는 무엇을 지키려고 나타난 감정인가?

2 ··· 처음 분노의 작은 신호는 무엇이었나?

3 ··· 내 분노는 지금 나에게 어떤 요청을 하고 있을까?

4 ··· 분노를 억누른 나와 표현한 나는 무엇이 달랐는가?

불안과 손을 잡고 걷는 법

불안이란 무엇일까?

뇌 심리학적으로 본 불안은 몸이 세상의 미세한 떨림을 감지하고 있다는 신호다. 편도체와 시상하부는 사소한 변화에도 긴장을 일으키며 우리를 깨운다. 불안은 위험을 예측하기 위한 경보라기보다, 살아 있음을 확인하려는 몸의 감각이다. 다시 말해, 불안은 '살고 있다'라는 신호다.

나는 불안에 몹시 취약한 사람이다. 최근 사회심리학 용어로 주목받는 'HSP(Highly Sensitive Person)'[감각 및 정서에 민감한 고감수성 성향을 지닌 사람]라는 말은 2016년경 당시에도 존재했다. 그때 '이 유형이야말로 나를 설명해 주는 단어다'라고 안도했던 기억이 난다.

오감이 극도로 발달해 종이가 사각거리는 소리, 바람 스쳐 지나가는 소리, 분침 움직이는 소리, 옆 사람 침 삼키는 소리 등 작은 소리에도 민감하고 금세 지친다.

수능을 치를 때 옆줄의 여학생이 내는 연필 소리가 너무 크게 들려 읽기에 집중이 안 된다고 눈물을 흘리며 시험을 치르고, 실제로 성적이 낮게 나와 화를 내던 때가 기억나기도 한다. 햇살이 아른거리는 흔적, 사방을 둘러싼 것들의 움직임 등 작은 것에 일일이 반응하는 나였다.

재택 근무할 때면 정연하지 않은 집 상태를 견디기 어려워 대청소를 시작하다가 정작 해야 할 일을 못 하기 일쑤였다.

나뿐만 아니라 타인의 마음 상태에도 여간 예민한 게 아니다. 슬픔에 젖어 있는 사람 옆에 있으면 슬픔이 옮아 와 그 사람의 인생 이야기가 내 머릿속에서 장황하게 펼쳐지기도 하고, 누군가가 옆에서 다리를 떨고 있으면 그 사람이 떨쳐내고 싶은 불안은 무엇인가를 상상한다.

영향을 받지 않으려고 일부러 사람 만나기를 기피하고 무심한 척하는 게 나를 불안으로부터 지키기 위한 필사적 몸부림이었다.

이렇게 예민한 감각을 가진 사람들은 저마다의 방식으로 불안을 다스린다. 동물행동학을 연구한 미국의 교수이자, 고기능 자폐를 지닌 과학자 템플 그랜딘(Temple Grandin)은 '압박 기계'라는 장치를 개

발, 자신의 불안을 통제했다. 그의 삶은 영화 〈템플 그랜딘〉을 통해 많은 사람에게 알려졌다.

그는 감각의 과잉으로부터 오는 불안을 '물리적 압박'이라는 형태로 조절했다. 그랜딘의 이야기를 보며, 불안을 통제하기 위해 강박적 행동에 몰두하던 내 모습이 떠올랐다. 어쩌면 나 또한 그와 다르지 않았다는 사실에서 이상한 안도감을 느꼈다.

하지만 불안을 다루는 방법은 사람마다 다르다. 그랜딘이 과학자로서 물리적 기계를 만들었다면, 어떤 이들은 예술 작품을 통해 불안과 대화했다.

불안을 억누르는 것이 아니라 그것을 형태로 빚어내는 것, 그렇게 불안은 괴물이 아니라 창조의 원천이 되었다.

알베르토 자코메티(Alberto Giacometti)의 〈걸어가는 사람〉을 처음 봤을 때, 나는 그 조각상에 내 불안을 투사했다.

가늘고 길게 뻗은 인물의 형상은 자칫하면 쓰러질 것만 같았다. 외형이 가냘프다 보니 기쁨, 환희보다는 우울, 고독의 정서와 더 가까운 사람임이 틀림없어 보였다.

생각이 많아 생각의 무게에 매일 눌려있는 나에게, 생각을 행동으로 쉽게 옮기지 못해 불안해하고, 생각의 소용돌이 속에서 어쩔 줄

몰라 하는 나에게, 자코메티 조각상의 차가운 물성이 와 닿아 큰 공명을 만들어냈다. 그도 불안한 사람이었고 불안과 외로움의 긴 터널 끝에서 이 작품을 빚어낸 거라고.

자코메티의 작품을 접하던 날, 나는 이런 시를 썼다. 불안과 친구가 되고 싶다는 그 소박한 소망을 담아서.

자코메티의 불안은,
울림이 진폭을 좁히며 선을 그리다가 끝내 점으로 수렴되었다.
가없는 공백을 채워야 했을 긴장과 진동은
막다른 시간 앞에서 울음을 보채다가 작품을 토해낸다.

기왕이면 불안이여,
너와 친구 삼을 수 있으리라.

차가운 조각이 남긴 뼈와 살이 맞댄,
공기와 공간과
그곳을 빼곡히 채우는 시선과 생각이
기댈 둥지로 넓은 평원처럼 펼쳐지니

벗 삼는다는 건 꽤 위안이 되는 일이다.

앙상한 너로부터 굳이 나오지 않아도 될 것을,
애써 아닌 척하려 하였을까.

잠시, 아주 잠시라도 내려놓자.
새하얀 눈의 창에 마음껏 그리고 볼 일이다.

#알베르토자코메티
#걸어가는사람
#불안 #실존

2020. 12. 15

불안은 사라져야 할 감정이 아니라, 살아 있음의 징후다. 그것은 항상 우리와 함께 걷는다. 다만 그 걸음을 어떻게 맞이하느냐가 다를 뿐이다. 어떤 날엔 불안이 앞장서고, 어떤 날엔 내가 먼저 손을 내밀기도 한다.

중요한 것은 두려움에 밀리지 않고, 그 손을 잡아주는 일이다. 불안을 외면하지 않고 마주하는 순간, 불안은 더 이상 괴물이 아니라 길동무가 된다.

나는 이제 불안을 몰아내기보다 불안과 나란히 걷는 법을 배우려 한다. 불안은 내 안의 생동을 증명하는 몸의 언어이자, 멈추지 않고 살아가겠다는 내면의 약속이기 때문이다.

1 ··· 지금 내가 느끼는 불안은 무엇을 알려주려 하는가?
(지치지 말라는 신호 / 잠시 멈추라는 신호 / 경계를 지키라는 신호)

2 ··· 불안이 컸을 때, 내 몸은 어떤 신호를 보냈는가?
(숨 가쁨 / 근육 긴장 / 생각의 과속 / 감정의 과민)

3 ··· 내 불안에 형태를 부여한다면 어떤 모습일까?
(가늘고 긴 그림자 / 빠른 진동 / 차가운 조각 / 과도한 빛)

4 ··· 불안이 나에게 건네는 가장 중요한 문장은 무엇일까?
("너는 살아 있다." / "지금은 멈춰도 된다." / "너를 지키고 싶다.")

3

다정함 속에 단단함을 세우다

'싫다'라고 말하는 힘

우리나라 사람이라면 '싫다'라고 말한 이후 벌어진 일에 대한 기억이 저마다 있을 것이다. 부탁이나 제안을 거절했을 때 상대방이 삐치거나 토라졌던 일, 한순간에 거리가 멀어진 일, 심지어 보복해 와 곤란했던 일까지.

한국 사회에서 '싫다'라는 말은 단순한 의견의 표현이 아니라, 관계를 흔드는 행위로 받아들여지곤 한다. 우리는 타인을 불편하게 하지 않는 것을 미덕으로 배우며 자란다. 어릴 적부터 "싫다고 하면 싸우게 된다" "그래도 네가 좀 참아라"라는 말을 들으며, 다정함을 '참음'으로 오해하는 법을 배운다.

그렇게 길러진 다정함은 어느새 눈치라는 이름으로 변해, 서로의 마음을 짐작하고, 맞추고, 삭이는 문화로 자리 잡았다.

이것은 우리 사회가 관계 중심으로 직조된 탓이다. 한국인은 개인의 욕구보다 관계의 조화를 더 중시하며, 갈등을 피하는 방식으로 안전을 확보해 왔다. 하지만 그 안전은 타인 중심의 안전이다.

우리는 남의 시선으로 나를 규정하고, 타인의 기대에 따라 마음을 조정한다. 그래서 때로는 내 감정을 억누르고, 나의 '싫다'를 삼키는 편이 덜 위험하다고 느낀다.

누군가의 부탁을 거절하지 못해 밤새 뒤척이거나 자신을 탓한 적이 얼마나 많았던가.

한국인에게는 거절을 돌려 말하는 기술이 유난히 발달해 있다. 아프다, 일이 생겼다, 개인적인 사정이 있다는 핑계, 혹은 "좋은 생각 같은데 한번 다시 생각해 보겠다"라는 완곡한 표현까지.

얼마나 자연스럽게 말하고, 그럴듯하게 행동하느냐가 사회적 능숙함으로 여겨질 때도 있다. 하지만 핑계를 대다 정말 몸이 아프거나, 일이 생기기도 한다. 괜히 그 말을 내뱉었나 후회가 밀려오고, 다시 자신이 미워지는 순간도 있다.

나 역시 거절이 쉽지 않다. 내게 거절은 아픈 일이다. 오래전부터 거절을 '당해온' 기억이 몸에 새겨 있기 때문이다.

초등학생 때부터 가고 싶은 길이 뚜렷했지만, 부모님은 현실이 녹록지 않다며 내 꿈을 지지하지 않으셨다. 첫째로서 눈치가 발달했던 나는 용기를 내지 못하고, 홀로 동동거리며 밤마다 울곤 했다. 부모님이 미안하다고 말해주어도, 마음속 상실감은 쉽게 달래지지 않았다. 그 시절, 내 고통을 알아주는 이가 세상에 아무도 없다고 느꼈다.

겉으로는 평탄하고 유복해 보여도, 존재가 부정당하는 아픔은 깊은 거절감을 남긴다. 성인이 되어 일상에서는 잘 몰랐지만, 자기분석 상담을 받으며 그때의 상처가 20년 넘게 내 안에서 살아 있었음을 확인했다.

거절당하던 기억이 너무 아파서일까. 누군가의 부탁을 뿌리치면 마음이 불편하고, 거절한 뒤에는 미안함이 오래 남는다. 거절하지 못한 채 시간을 끌다 보면, 오히려 더 큰 오해를 사기도 한다.

상대는 내 망설임을 무관심으로 받아들이고, 나는 내 의사를 밝히지 못한 채 불안을 쌓아간다. 그렇게 지연된 결정은 일을 그르치고, 내적 긴장은 다시 나를 조급하게 몰아세운다. 미안함과 긴장이 뒤엉켜 악순환을 반복하는 동안, '싫다'라고 말하지 못한 대가는 점점 더 커진다.

내 욕구 앞에서 물러서던 습관은 '좋은 사람'으로 남기 위한 방어였고, 머리로는 그 이유와 과정을 이해하면서도 마음은 여전히 개운치 않았다.

언젠가부터는 그 아픔을 알아차리지도 못할 만큼 무의식적으로 억눌러왔다. 겉으로는 평온해 보여도, 마음 깊은 곳에서는 늘 '괜찮다'와 '싫다' 사이에서 흔들리고 있었다.

겉보기에 다정하지만, 실상 거절 못 하는 성향은 스스로에게도 자책을 남기고, 타인에게 오해를 낳고 불필요한 비용을 쓰게 만든다.

길게 보면 거절하지 못하는 일은 나에게도 타인에게도 경제적이지도, 효율적이지도 않다. 마음을 지키려다 관계를 잃고, 관계를 지키려다 나를 잃는 역설이 반복된다.

그리고 지금, 내 안의 오래된 거절감은 나만의 이야기를 넘어, 사람들과 더불어 살아가는 사회 속에서 우리가 '싫다' 앞에서 머뭇거리는 이유를 비추는 거울이 된다.

상담실에서 만나는 많은 사람 역시 비슷한 패턴을 보인다. 어린 시절 각인된 관계의 불안이 성인이 되어서도 거절을 어렵게 만드는 것이다.

한 내담자는 친구와 관계를 깨고 싶지 않았다. 어색함을 견디며 자존심을 접고서 대화를 이어가려고 했는데 친구의 반응이 영 시큰둥했다고.

자기는 할 수 있는 만큼 다 했기에 더 할 수 있는 게 없다고 생각했는데 내면에서 '먼저 사과해야겠다'라는 마음이 올라온다고 말했다.

더 깊이 이야기를 나누어 보니, 그는 어릴 적 어머니가 우시면 민망하고 당황스러운 상황을 무마하기 위해 이유도 없이 먼저 사과했다고 한다.

어머니가 아무렇지도 않은 듯 회복되시고 나서야 '나쁜 아이가 되지 않았다'라는 안도감으로 어머니와의 관계를 유지했다는데, 자신이 본능적으로 왜 그렇게 행동했는지 어린 나이에 알 리가 없었다.

자신의 상황을 받아 주고 안심시켜 주지 않았던 어머니에 대한 서운함, 나쁜 자녀가 되고 싶지 않은 마음이 있었다.

그 마음에 닿자마자 내담자는 눈물을 흘리기 시작했다.

"제가 그때 많이 섭섭했던 거 같아요. 어머니와 관계가 깨지면 힘드니까 사과했던 거 같아요. 제가 잘못한 것도 아닌데 말이에요."

친구와의 관계 역시 잃고 싶지 않은 마음에서 사과할까 말까 고민했던 내담자는 이제 자신의 마음을 지키는 게 더 중요하다고 생각했고, 더 이상 사과하는 행동을 하지 않겠다고 다짐했다. 그리고 거절할 줄 알게 되었다며, 한결 가벼워진 표정으로 상담실을 나갔다.

거절은 이기심이 아니라 자기 보호의 한 형태다. 그러나 우리는 여전히 '나를 지키는 일'을 죄책감으로 배운다. 타인을 위해 참는 일이 곧 사랑이라고 믿어왔지만, 그 사랑이 나를 소진시킨다면 방향을 다시 살펴야 한다.

'좋은 사람'으로 남는 일보다 더 중요한 건, 자신에게도 다정한 사람이 되는 일이다.

"네 이웃을 네 몸과 같이 사랑하라"라는 성경의 구절은 종종 오해를 불러일으키기도 한다. 많은 사람이 '이웃을 위해 자신을 희생하라'라는 의미로 받아들이지만, 그 문장은 사랑의 출발점이 '네 몸', 즉 자기 자신임을 전제한다.

자신을 존중할 줄 모르는 사람은 타인을 진심으로 사랑하기 어렵다. 자기 돌봄이 모자란 사랑은 결국 의무와 죄책감으로 변질하고, 관계를 지탱하는 대신 파괴한다.

자기를 돌보는 일은 타인을 밀어내는 일이 아니라, 함께 살아가기 위한 최소한의 윤리다.

여기서 심리학은 흥미로운 단서를 제공한다. 기질성격검사(Temperament and Character Index; TCI)에서 성격을 드러내는 세 가지 성격 차원 가운데 두 축이 바로 '자율성(Autonomy)'과 '연대감(Cooperativeness)'이다.

자율성은 '내가 내 삶의 주인으로 서는 힘'을, 연대감은 '타인과 연결되어 있다는 감각'을 의미한다. 자율성을 적절히 갖추면서 연대감을 발휘하는 구조가 안정적이고 건강하다고 본다.

두 요소가 균형을 이루면 관계 속에서도 자기 선택을 유지할 수 있지만, 한쪽으로 기울면 관계는 곧 억압이 된다.

자율성이 지나치게 낮고 연대감이 높을 때, 사람은 자신보다 타인의 기대를 우선하며, 거절이나 자기표현을 두려워하게 된다.

반대로 자율성만 강조될 때는 고립과 냉담으로 흐르기 쉽다. 결국 성숙한 관계는 두 축이 서로를 지탱하는 구조 위에서만 가능하다.

결국 진짜 다정함은 타인에게 잘하는 능력이 아니라, 자기 안의 중심을 잃지 않는 힘에서 비롯된다. 경계를 세운다는 것은 벽을 쌓는 일이 아니라 관계 속에서 나를 분명히 세우는 일이다.

거절을 배운다는 것은 단지 '싫다'라고 말하는 법이 아니라 자기가 어디까지 괜찮고 어디서부터 힘든지를 아는 과정이다.

그렇게 자신을 이해할 때, 다정함은 더 이상 소모되지 않는다. 타인을 위하는 마음과 나를 지키는 마음이 같은 방향을 바라보게 된다. 그것이 다정함에 휘둘리지 않고 중심을 잡는 첫걸음이다.

1 ··· 나는 어떤 상황에서 '싫다'라고 말하지 못하는가?
(부탁 / 감정 표현 / 경조사 / 일적 요청 / 관계 유지)

2 ··· 내가 '싫다'를 삼킬 때, 진짜로 잃고 있는 것은 무엇인가?
(시간 / 에너지 / 자존감 / 관계의 명확성)

3 ··· 지금 내 거절의 어려움은 누구의 기대를 지키기 위한 것인가?
(부모 / 상사 / 친구 / 사회적 규범 / '좋은 사람' 이미지)

4 ··· 나를 잃지 않기 위해 지금 가장 먼저 해야 할 작은 거절은 무엇
인가?

거리는 멀어져도 마음은 가까울 수 있다

마음은 본능적으로 안다. 보이지 않는 끈으로 연결되어 있다는 사실을 기가 막히게 알아차린다.

우리는 관계적 존재다. 누군가와 이어져 있다는 감각 없이는 살아갈 수 없다. '혼자 있고 싶다'라는 말조차, 언젠가 돌아갈 품이 있다는 무의식적 확신에서 비롯된다.

심리학자 하인즈 코헛(Heinz Kohut)은 모두에게 '심리적 산소'가 필요하다고 했다. 산소 없이 숨 쉴 수 없듯, 마음도 관계의 산소가 없이는 숨을 쉬지 못한다.

중요한 단 한 사람과 깊이 연결되어 있다는 느낌은 홀로 남게 된 사막, 길을 잃은 우주, 감금된 고독 속에서도 생존의 힘을 부여한다.

연결감 속에는 앞으로의 기대가 깃들어 있다. '이 시기가, 이 어둠이 지나가면 돌아갈 곳이 있다. 나를 기억해주는 사람이 있다'라는 믿음 말이다.

영화 〈그래비티〉에서 라이언 스톤(샌드라 블록)은 우주 한가운데 홀로 남겨진다. 연결선(tether)이 끊기는 순간, 그녀는 세상과의 모든 연결을 잃는다. 그러나 스톤은 고립의 끝에서 또 하나의 끈을 발견한다. 그것은 여전히 자기 귀에 남아 있는 타인의 목소리였다.

동료 맷 코왈스키(조지 클루니)의 말, 그리고 그를 통해 되살아난 자기의 목소리. 그 잔향이 완전히 끊어진 듯한 공간 속에서도 스톤을 붙잡아 놓는다.

극한의 고독 속에서도 그녀는 여전히 '누군가와 연결되어 있다'라는 감각을 잃지 않는다. 그 목소리들이 생의 의지로 변해, 마침내 귀환의 힘이 된다.

우주 속에서 홀로 떠도는 스톤의 모습은 마치 자궁 속에서 세상 밖으로 나가기 전의 태아 같다. 완벽히 고립된 듯하지만, 그 고립 안에는 여전히 누군가의 숨결이 이어져 있다.

단절은 죽음의 정지가 아니라, 새로운 연결을 준비하는 정적이다. 우리는 결국 타인을 통해, 그리고 타인 속에서 자신에게 돌아온다.

뮤지컬 〈위키드〉는 그 진실을 두 여성의 관계를 통해 보여준다. 모두가 찬양하는 인기인 글린다와 초록색 피부 때문에 사람들에게 외면받는 엘파바.

성격도, 가치관도, 세상으로부터 받는 시선도 다른 두 사람은 처음엔 서로를 이해하지 못한다. 그러나 오해와 갈등을 지나며, 결국 서로의 상처를 알아보고 진심으로 연결된다. 세상이 엘파바를 '사악한 마녀'로 낙인찍을 때, 글린다는 끝내 그녀를 믿는다.

뮤지컬의 마지막 장면에서 글린다가 부르는 〈For Good〉은 이렇게 말한다. "네가 내 인생을 바꿔놓았어. 나는 더 나은 사람이 되었어." 이 노래는 용서와 회한, 그리고 서로를 향한 깊은 고마움이 뒤섞인 고백이다.

둘은 결국 다른 길을 가지만, 서로의 삶 속에 각인된 마음은 사라지지 않는다. 뮤지컬 〈위키드〉는 멀리 떨어져 있어도 마음이 이어진다는 것, 그것이 진짜 연결의 의미임을 보여준다.

영화 〈코코〉는 가족의 소중함과 기억의 의미를 다루며, '연결'의 또 다른 얼굴을 보여준다.

주인공 미구엘은 음악을 사랑하지만, 가족의 반대로 그 꿈을 숨긴 채 살아간다. 그러나 조상의 영혼이 머무는 죽은 자들의 세상에서 잃어버린 아버지를 찾아가며, 그는 한 가지 진실을 깨닫는다. 누군가를 기억한다는 것은 그 사람을 이 세상에 계속 살게 하는 일이라는 것.

망각이 죽음이라면, 기억은 곧 사랑의 또 다른 형태다.

주인공 미구엘이 기타를 치며, 서로 떨어져 있어도 마음속에서만큼은 자신을 기억해 달라며 부르는 〈Remember Me〉는 단순한 추억의 노래가 아니라 서로의 존재를 잇는 끈이다.

산 자와 죽은 자가 같은 멜로디를 통해 서로의 마음을 확인하는 순간, 시간의 경계는 무너지고 관계는 되살아난다. 몸이 사라져도 마음은 이어지고, 시간이 흘러도 사랑은 닿을 수 있다.

그런데 이상한 일이다. 이렇게 깊은 연결들은 언제나 붙어 있을 때가 아니라 거리를 두었을 때 더 선명해진다. 라이언 스톤이 우주에서, 글린다와 엘파바가 각자의 길에서, 미구엘이 삶과 죽음의 경계에서 깨달은 것처럼.

우리는 결국 서로의 고요 속에서 자라난다. 고요는 외로움의 다른 이름이 아니라, 관계가 다시 숨을 고르는 시간이다. 마음과 마음이 붙어 있던 자리를 잠시 떼어내어 자기의 숨결을 확인하는 순간, 관계는 더 단단해진다.

너무 가까이 붙어 있을 때는 보이지 않던 온기와 감사가, 거리를 사이에 두었을 때 비로소 선명해진다.

진짜 다정함은 붙잡지 않아도 이어질 수 있다는 믿음에서 나온다.
사랑은 서로를 끊임없이 확인하는 일이 아니라, 각자의 고요를 존중
하면서도 여전히 연결되어 있음을 신뢰하는 일이다.

그렇게 마음이 단단해질 때, 우리는 타인에게 더 부드러워질 수 있
다. 거리는 멀어져도 마음은 닿을 수 있다. 손끝이 닿지 않아도 마음
의 결이 이어질 수 있다.

1 ⋯ 지금 내 마음을 가장 따뜻하게 지탱해주는 '한 사람'은 누구인가?
(가족 / 친구 / 연인 / 스승 / 동료 / 떠난 사람)

2 ⋯ 나는 그 사람과 '이어져 있다'라는 감각을 어떻게 느끼는가?
(대화 / 기억 / 목소리 / 존재감 / 작은 메시지)

3 ⋯ 거리를 둔 후 오히려 관계가 더 선명해졌던 경험이 있는가? 그때
무엇이 보였는가?

4 ⋯ 나는 관계 속에서 '심리적 산소'를 어디에서 받는가?
(지지 / 인정 / 공감 / 유머 / 안정감)

다정함에 휘둘리지 않고 중심 잡기

중학교 1학년 어느 여름밤, 공부하던 내 방문을 두드리던 어머니의 목소리가 아직도 생생하다.

"동생 공부하는 것도 좀 도와주렴."

꿈을 향해 한 걸음이라도 더 나아가고 싶던 시절, 충분히 내 마음이 어루만져지지 않은 채 '동생을 챙기라'라는 말을 들었을 때 나는 인상을 찌푸렸다. 마지못해 툴툴거리며 방학 숙제를 봐주던 그때, 내 안에는 이미 '타인을 도와야 한다' '도와주지 않으면 무책임하고 냉정한 사람이다'라는 신념이 깊이 자리 잡고 있었다.

나는 오래도록 '도와야 하는 사람'으로 자신을 규정해왔다. 장녀로 자라며 책임감을 자연스레 내면화했고, 그 믿음은 시간이 흐를수록 강박으로 굳어졌다.

누군가 힘들어하면 나서서 해결해야 한다는 생각, 그게 곧 나의 역할이자 존재 이유가 되었다. 그런 일은 내가 잘하는 일이었고, 그래서 더 강화되었다. 타인의 기대에 부응하지 못했을 때 죄책감을 느끼기보다는 애초에 그 기대를 나의 기대로 착각한 채 살아왔다.

스스로 타인을 돕지 못하는 상황을 오히려 답답해하며, 도와야만 마음이 놓였다.

동생과의 관계도 크게 다르지 않았다. 나중에야 깨달은 일이지만, 그때 느꼈던 묘한 불편함은 시기나 질투였을지도 모른다. 그러나 그런 감정을 인정하는 순간 '나쁜 언니'가 되는 것 같아 애써 외면했다.

그렇게 나는 미움받지 않기 위해, 좋은 사람으로 남기 위해 애썼다. 그러나 그 다정함 속에서 점점 나의 중심은 희미해졌다. 타인을 위한 다정함이 결국 나를 잃어가게 하고 있었다.

이제야 알게 되었다. 다정함은 언제나 좋은 것이 아니며, 때로는 자기소멸의 또 다른 이름이 될 수도 있다는 사실을. 타인을 돕는 마음이 진심이라 해도, 나를 소진한다면 그것은 건강한 관계가 아니다.

나는 상대의 감정을 지나치게 감당하려 했고, 그들의 불편함을 대신 짊어지는 것으로 관계를 유지해왔다.

그렇게 나의 불편함은 점차 주지화와 합리화라는 이성의 성벽 뒤로 숨어들었다. 머리로는 어떤 일이 벌어지는 이유와 과정을 완벽히 이해한다고 믿었지만, 그 이해가 곧 감정의 소화라고 착각했다.

오랫동안 나는 타인을 도우며 잃어버린 나의 감정의 영역을 가슴이 아닌 머리로만 복원하려 애써왔다.

어느 순간, 타인을 향하던 연민이 공허함과 피로로 바뀌어 있음을 알아차렸다.

꿈이 흔들리고, 방향을 잃은 채 여러 길을 더듬어보던 20대 중반의 나는 이미 지칠 대로 지쳐 있었다.

특별한 사건이 있었던 것은 아니다. 다만 어느 날, 아무 일도 일어나지 않았는데도 앞으로 나아갈 힘이 없다는 사실이 분명해졌다. 해야 할 이유는 여전히 많았지만, 그 이유가 더는 나를 움직이지 못했다. 몸은 일상을 따라 움직였으나 마음은 이미 속도를 잃고 있었다.

그 무렵, 나는 서서히 멈추고 있었다. 약속을 미루고, 연락을 줄이며, 혼자 있는 시간이 늘어났다. 가족들에 따르면 나는 한동안 거의 집 밖으로 나가지 않았다고 한다. 어떻게 하루를 보내고 먹고 잤는지조차 또렷이 기억나지 않는다.

다만 분명했던 것은, 이 상태로는 이전의 나로 돌아갈 수 없다는 감각이었다. 더 애써야 할 이유를 찾지 못한다면, 다시 움직일 필요조차 없다는 생각이 나를 붙들고 있었다. 그것은 갑작스러운 붕괴라기보다 오래 누적된 소진이 마침내 의식 위로 떠오른 순간에 가까웠다.

그 시간 속에서 나는 처음으로 깨달았다. 마음에도 에너지가 있다는 사실을, 그것이 고갈되면 아무리 선의와 의지가 있어도 한 걸음 내디딜 수 없다는 것을. 그제야 나는 마음이 지쳐 있었다는 것을 비로소 알게 되었다.

우울증의 시기는 내면의 모든 에너지가 바깥이 아닌 안쪽으로 향하던 때였다. 삶은 멈췄지만, 사유와 감정만은 멈추지 않았다.

그때 에너지가 어디서 어디로 흐르는지, 일상에서 에너지를 쓴다는 것이 무엇을 의미하는지, 나 자신에게 에너지를 제대로 쓰지 않을 때 어떤 일이 일어나는지를 머리와 마음으로 함께 배웠다.

그 시절의 고요 속에서 나는 깨달았다. 거리를 둔다는 것은 냉정해지는 일이 아니라, 내 안의 공간을 지켜내는 일이라는 것을. 타인의 고통을 모두 감당할 수 없다는 사실을 인정하고, 내가 도울 수 있는 부분과 그렇지 않은 부분을 구분하는 일. 그것이 진정한 자기 경계였다.

그리고 그때 처음으로 내면 깊은 곳에서 분노가 일었다. 내가 스스로 지키지 못했던 나의 경계, 내가 무너뜨렸고 타인이 무심히 넘어왔던 나의 경계에 대한 분노였다.

그동안 나 자신을 지키지 못한 것에 대한 분노, 부지불식간에 나의 경계를 드나들며 무례함을 묵인했던 타인에 대한 분노, 알면서도 자꾸 타인에게 나의 경계를 내어주는 것에 대한 분노 등이 뒤섞여 있었다.

관계를 유지하기 위해 타인의 세계로 끝없이 스며드는 대신, 이제는 나의 세계를 단단히 세워야 했다.

그때부터 나는 '좋은 사람'보다 '진실한 사람'이 되기로 했다. 타인을 돕기 전에 먼저 내 마음의 여력을 살피고, 감당할 수 있는 만큼만 머무는 연습을 했다.

예전 같으면 타인의 슬픔에 곧장 몸을 던졌겠지만, 이제는 잠시 멈추어 선다. 동생에게도 "지금은 내가 여유가 없어. 나중에 도와줄게"라고 말하는 게 어렵지 않게 되었다.

나의 경계 안에서 할 수 있는 일과 할 수 없는 일을 구분하는 것이, 관계를 지키는 더 깊은 방식임을 알게 되었기 때문이다.

나의 경계를 인식하면서 달라지는 점 중 하나는, 무엇을 선택해야 하는지 명확하게 알게 된다는 것이다. 그리고 그 선택의 기회비용 역시 판가름할 수 있게 된다.

처음에는 어느 하나를 포기하는 것이 무척 아깝고 괴롭기도 했다. 하지만 더 이상 물러설 수 없는 자기 경계 앞에서, 이제는 물러서지 않고 나의 것을 먼저 지킬 줄 알게 되었다. 다정함이란 무한히 주는 마음이 아니라, 자신을 잃지 않고도 머무를 수 있는 따뜻함이었다.

심리상담사도 직업병의 일부로 '공감 피로'를 자주 호소한다. 공감 피로란 타인의 고통에 반복적으로 노출되면서 정서적 에너지가 고갈되는 상태, 즉 마음의 근육이 과도하게 긴장해 더 이상 회복되지 못하는 심리적 소진을 뜻한다.

상담자는 내담자의 이야기에 공감하고, 그들의 감정을 함께 감당하는 존재이기에 소진의 위험에 늘 노출되어 있다.

그러나 아이러니하게도, 공감 피로는 '좋은 상담자'가 되려는 마음에서 시작된다. 내담자를 더 잘 이해하려는 열의가 때로는 자기 돌봄을 소홀히 하게 만들고, 그 결과 관계의 중심이 흔들리기 때문이다.

상담자의 마음에도 에너지가 있다. 그 에너지를 건강하게 관리하는 일은 이타심의 반대가 아니라, 지속적인 공감을 가능하게 하는 기반이다.

결국 상담자의 성장은 공감의 깊이보다 그 공감을 어떻게 '지속 가능한 형태'로 다루는가에 달려 있다.

내가 나와 맺는 관계는 타인과의 관계 속에서 부단한 연단을 거치며 단단해진다. 나는 이제야 깨닫는다. 타인의 고통을 함께 느끼되, 그 안에 잠기지 않는 힘이야말로 진정한 전문성이라는 것을.

공감이 깊을수록 더욱 단단한 자기 경계가 필요하다. 나의 감정을 돌보는 일은 타인을 외면하는 일이 아니라, 오히려 그들의 이야기를 더 온전히 듣기 위한 준비다. 다정함에 휘둘리지 않고 중심을 잡는다는 것은 냉정과 따뜻함 사이에서 흔들림 없이 서 있는 일이다.

그것은 직업적 태도를 넘어, 내가 나와 맺는 관계의 방식이자 앞으로도 지켜가야 할 삶의 균형이다.

요즘 상담실에서 누군가 "선생님, 제가 이기적인 걸까요?"라고 물으면 나는 잠시 멈춘다.

그리고 묻는다. "당신의 마음에는 지금 얼마나 여유가 있나요?" 이 질문 속에는 내가 20대에 겪었던 소진의 기억과 그 이후 배운 모든 것이 담겨 있다.

다정함의 균형은 타인을 향한 예의이자 나를 지키는 용기다.

1 ··· 나는 어떤 상황에서 '도와야 한다'라는 압박을 가장 강하게 느끼는가?
(가족 / 동료 / 친구 / 후배)

2 ··· '도와주지 않으면 안 된다'라는 믿음은 언제, 어떻게 만들어졌는가?

3 ··· 그때 내 마음 깊은 곳에서 가장 먼저 올라오는 감정은 무엇인가?
(불편함 / 의무감 / 죄책감 / 자책 / 초조함)

4 ··· 나의 다정함이 '진짜 다정함'이 되기 위해 지금 가장 필요한 것은 무엇인가?
(경계 / 휴식 / 솔직한 표현 / 감정 회복 / 균형)

4

상담실에서 들려온 속삭임

말하지 못한 마음

"저, 괜찮아요."

이 말만큼 거짓말 같으면서도 진실인 말이 또 있을까. 괜찮다고 말하는 그 순간, 사람들의 표정은 저마다 다른 이야기를 하고 있다.

과하게 웃어서 그 웃음이 되레 슬퍼 보이기도 하고, 과장된 제스처 속에서 불안을 들키기도 한다. 어떤 이는 냉소와 비관으로 얼굴을 덮은 채, 조용히 자신을 지켜내려 애쓴다.

오랜 침묵 끝에 겨우 내뱉은 한마디가 "모르겠어요"일 때, 그 모름에는 이미 수많은 감정이 엉겨 붙어 있다.

상담실에서 만나는 사람 중에는 말을 하면서도 마지막까지 자기 마음을 말하지 않는 이들이 있다. 아니, 말하지 못하는 것에 가깝다.

마음과 존재가 고립된 사람들. 그들이 쌓아둔 장벽 뒤에서 나는 종종 이런 신호들을 감지한다. 대답을 아예 하지 않는 침묵, 같은 이야기의 반복, 화제를 돌리는 실랑이, 혹은 "모르겠어요"라는 방어막.

남성 내담자들을 만나면서 자주 듣는 말이 있다. "선생님께는 처음으로 이야기하는 거예요." 자기 여자친구에게도, 아내에게도, 어머니에게도 한 번도 털어놓지 않았던 비밀스러운 이야기를 상담사인 나에게 털어놓는다는 것이다.

그런데 흥미롭게도, 여성 상담사인 나에게조차 남성 내담자들은 여전히 강인한 사람으로 보이고 싶어 한다.
'사회적으로 잘 해내야 한다' '책임져야 한다' '말하면 약해 보이는 것이다' 이렇게 길러진 신념이, 혹은 생물학적인 어떤 것이 그들을 끝까지 강인해야 한다고 만드는 것 같다.

자신의 어려움을 털어놓고 공유할 수 있는 공동체를 가진 남성들이 꽤 이야기를 잘 하는 걸 보면 이 또한 학습된 영역이라고 생각한다.
남성들이 강인함의 굴레에서 벗어나기 힘든 것이 이 정도란 말인가. 그래서 상담 세션이 끝날 때까지 속 시원하게 이야기를 털어놓지 못하고 "힘들어요"라는 말만 여러 번 반복하다가 가는 경우를 꽤 자주 보았다.

그들의 말하지 못한 마음은, 자주 들렀던 흔적으로만 남을 뿐이다.

성취도가 높은 학생들과 상담할 때도 비슷한 경험을 한다. 그들은 인생에서 실패라고 스스로 규정하는 일을 한 번도 겪어보지 못한 경우가 대부분이다. 그래서 실패한다는 게 도저히 용납할 수 없는 일이라고 생각되나 보다.

나는 어릴 적부터 원치 않게 꿈의 좌절을 목도하고 상처를 반복적으로 느껴올 수밖에 없어서였는지 실패를 만나는 일이 꽤 익숙하다. 실패에서 어떻게 딛고 일어나야 하는지 자신에 대한 매뉴얼이 퍽 구체적이다.

늘 남보다 잘났다거나, 잘나야 한다는 강박조차 없고, 오히려 더 억눌려 있어서 내가 가진 자산과 장점을 들여다보는 일이 머쓱하고 쑥스러운 경우가 더 많았다.

그래서 처음엔 이해하기가 어려웠다. 이야기의 화제를 돌리거나 보다 구체적인 이야기를 하지 않고 대화가 실랑이를 벌이는 것 같은 양상을 보일 때가 있다.

처음에는 '이게 뭘까? 이런 흐름은 우리가 대화의 어느 선상에 있음을 의미하는 걸까?'라고 질문했던 것 같다.

하지만 차차 알게 되었다. 이것이 '실패가 두려워서 벌일 수 있는 짓'임을.

한 번 무너져도 바로 앞에 놓인 돌멩이에 걸려 넘어진 정도일 수 있는데, 벼랑 아래로 떨어지는 것 같은 두려움을 느끼는 기로에 있을 때는 누구라도 무언가를 붙잡고 싶을 것이다.

그럴 때 내담자가 주로 하던 반응은 침묵이었다. 의미 없는 말로 화제를 돌리거나 반복적인 얘기를 하며 대화가 조금은 지루해졌던 저변에는 그들이 말하지 못한 마음이 있었다.

상담사인 내가 질문할 때 "모르겠어요"로만 대답하는 내담자가 있었다. 1년 넘게 성실하게 상담에 참여했지만, 그가 하는 이야기는 언제나 비슷한 흐름으로 정해져 있었다. 그중에서도 가장 많이 들은 말이 '모르겠어요'였다.

나는 그 말속의 깊은 뜻을 탐색하려고 구체적인 질문을 던지곤 했지만, 그는 늘 그 지점에서 멈추었다. 더 알리고 싶지 않은 무엇이 있었던 건지, 부끄러워서였는지, 아니면 자신이 무너질까 봐 두려웠던 건지 알 수 없었다.

그런데도 그는 매번 유료 상담에 성실히 찾아와 같은 이야기를 반복했다. 처음에는 무언가 구체적인 작업을 해야 한다는 조급함에 사로잡혔다. 그러나 그는 언제나 같은 상태로 내 앞에 앉았다.

오랜 시간 지쳐 있던 나는 문득 '이럴 거면 오지 않아도 되는데'라는 생각이 들기도 했다. 그래도 그는 꾸준히 와서, 매번 동일한 이야기를 털어놓고 갔다.

상담이 끝날 즈음, 그는 조용히 말했다. "상담이 도움이 많이 되었어요." 무엇이 도움이 되었던 걸까. 정확히 알 수는 없었다. 다만 판단하지 않고, 그와 함께 조용히 머물러준 시간이 그에게는 위로였던 것 같다.

이따금 오랜 공백기를 둔 채 조용히 상담실 문을 다시 두드리는 내담자가 있다. "그동안 일이 좀 있었어요"라며 아무 일 없었다는 듯 상담을 이어 나가는 경우다.

때로는 무슨 일이 있었는지 구체적으로 묻기도 하지만, 그저 모른 척해줄 때도 있다. 그의 창백한 얼굴과 굳은 표정이 이미 그동안의 시간을 말해주고 있기 때문이다.

나중에야 그는 생사의 경계를 오갔노라고, 조용히 고백했다.

한 내담자는 상담이 끝날 무렵 이런 말을 남겼다. "선생님과 상담하지 않았으면, 전 아마 죽었을 거예요. 감사합니다." 그 한마디가 전부였다. 더는 어떤 설명도 덧붙이지 않았다. 그 사이사이는 답답하고 무거운 시간이었다. 오랜 기다림 속에서 나 또한 서서히 지쳐가고, 마음이 차가운 공기에 잠식되기도 했다.

하지만 상담이 끝나갈 무렵에야 깨달았다. 그는 단지 자신의 겨울을 함께 견뎌줄 한 사람을 찾고 있었다. 다시 움이 트기까지 버텨줄, 함께 있어 줄 사람. 나는 그에게 그런 존재였던 것 같다.

말하지 못한 마음에는 저마다 이유가 있다. 강인해야 한다는 믿음, 완벽해야 한다는 두려움, 무너질까 봐 움켜쥔 침묵. 상담자인 나는 그 마음을 섣불리 꺼내려 하지 않는다.

말하지 못한 마음은 억지로 끄집어내는 것이 아니라, 스스로 말할 수 있을 때까지 함께 기다려주는 것이기 때문이다.

때로 내담자의 마음이 내게 전해질 때가 있다. 그의 냉기가 옮아와 나 역시 무거워지기도 하고, 그의 불안이 전염되어 함께 숨이 막히기도 한다. 하지만 그럴 때일수록 나는 내 자리를 지키려 애쓴다. 너무 가까워 부담스럽지 않도록, 너무 멀어 외롭지 않도록.

내담자가 자신의 마음을 다시 느낄 수 있을 만큼 적당한 거리를 유지하는 것이 내가 할 수 있는 전부다.

가끔은 그저 함께 있어 주는 일이 상담의 전부일 때도 있다. 얼음이 녹을 때까지 기다리는 것처럼, 마음은 시간이 필요하기 때문이다. 성급한 위로나 억지로의 긍정은 오히려 마음을 더 얼어붙게 만든다.

그래서 이제 누군가의 마음이 말없이 차가울 때, 혹은 터질 듯 뜨거운데도 꾹 참고 있을 때, 나는 마음속으로 이렇게 말한다.

'그때가 왔구나.'

이전보다 덜 고되고, 언젠가 올 따스함을 떠올리며 조용히 기다린다.

1 … 나는 '괜찮아요'라는 말을 어떤 상황에서 가장 자주 사용하는가?

2 … 최근에 말하지 못한 이야기는 무엇인가?

3 … 마지막으로 누군가에게 마음을 털어놓았던 순간은 언제인가?

4 … 지금 내 마음의 온도는 어떤 상태인가?

완벽해야 한다는 강박의 덫

우리가 입고 있는 감정적 갑옷은 여러 겹으로 겹겹이 쌓여 있고, 그 무게는 무겁다. 관계 속에서 서로를 비교하며 완벽해야 한다는 생각이 심리의 거의 모든 층위에 스며 있다.

완벽해야 한다는 강박적 신념은 형태를 달리해 이렇게 속삭인다.

"흠이 있으면 버려질 것이다."

"완벽해야 사랑받을 수 있다."

SNS 단체 대화방에서 오가는 미묘한 눈치전, 서로의 말끝을 재는 문화 속에서 사람들은 늘 긴장한다.

한국 사회에서 '잘못' 그 자체보다 더 두려운 것은 '망신'이다. 남 앞에서 실수하는 것보다, 창피당하는 일을 피하는 것이 더 중요하게 여겨진다. "망신 주면 끝이다." 이 말은 농담이 아니라 관계의 암묵적 규칙에 가깝다.

그래서 사람들은 잘못보다는 '티 나는 결함'을 경계한다. 완벽은 그렇게 만들어진 보호막, 곧 수치심을 피하기 위한 갑옷이다. 그러나 그 갑옷은 사람을 보호하는 동시에 마음의 온도를 서서히 얼린다.

수치심은 생각보다 깊은 감정이다. 흔히 '수치스럽다'라고 말할 때 우리는 타인에게 망신을 당하거나, 불쾌한 시선을 받는 상황을 먼저 떠올린다.

그러나 가만히 들여다보면, 수치심은 단순히 남의 시선을 피하고 싶은 민망함이 아니다. 그 마음의 방향은 언제나 타인에게서 나 자신으로 향한다.

수치스러운 상황에 부닥친 '나', 그 상황에서 벗어나지 못하고 무력하게 서 있던 '나'에 대한 불편함과 자책이 수치심의 본질에 가깝다.

수치심은 결국 자신에 대한 불만족에서 비롯된다. 타인이 쏘아붙인 차가운 시선을 내면화해 내가 나를 냉대하는 감정, 그것이 바로 수치심이다.

"최고여야 안전하다. 부족하면 버려질 것이다."

비교는 수치심의 또 다른 그림자다. 타인의 시선이 바깥에서 나를 찌른다면, 비교는 그 시선을 내가 스스로 내면화해 나에게 들이대는 행위다.

한국 사회에서 비교는 공기처럼 자연스럽다. 학창 시절의 성적표에서, 회사의 인사고과에서, 심지어 일상의 대화 속에서도 우리는 끊임없이 서로의 위치를 재고 단정한다.

"그 사람은 벌써 승진했대."

"그 사람은 결혼하고 애까지 있대."

이런 말들은 일상의 인사처럼 오가지만, 마음속엔 미세한 열감이 번진다.

비교는 방향을 잃은 자기 비난을 정교하게 다듬는다. 남보다 뒤처졌다는 감각은 단순한 불안이 아니라 존재 전체를 평가절하하는 잣대가 된다.

그래서 쉬어도 불안하고, 멈춰도 죄책감을 느낀다. 남보다 낫기 위해 완벽해지려 애쓰지만, 그 완벽함은 언제나 타인을 기준으로 세워진 불안정한 탑이다. 그 탑 위에서는 잠시라도 숨을 고를 틈이 없다.

그리고 우리는 동일한 기준으로 다른 사람을 평가한다. 비교의 잣대는 언제부턴가 타인에게로 향한다. 자신이 오랫동안 그 잣대 위에서 있었던 만큼, 이제는 그 심판대의 좌장 자리에 자신이 앉아도 된다고 무의식적으로 믿게 된다.

그렇게 우리는 불안한 마음으로 타인을 평가한다. 사실은 여전히 스스로 불안하면서도 말이다.

상담실에는 종종 그런 내면의 연쇄를 품은 내담자들이 찾아온다.

딸이나 아들의 이름표를 달고, 여전히 부모 앞에서 심사받듯 살아온 사람들이다.

"아빠도 엄마도 늘 말했어요. '반에서 1등 하는 아이와 친하게 지내렴. 그 아이는 어떻게 공부한다니? 너는 왜 2등밖에 못 하니?'라고요."

이 같은 말을 들으며 자란 아이. 그는 부모의 사랑과 인정을 받기 위해 성적을 올리는 데 열을 올린다. 그러나 공부가 길이 아니라는 생각이 들면 몸이 아프거나, 반항의 방식으로 저항하기도 한다.

성적으로만 바라보는 시선은 결국 자신을 존재 그대로 받아들이지 못하게 만든다. '성적이 오르지 않으면 무가치한 나' '집에서 떳떳할 수 없고 눈치 봐야 하는 나' 이 자기개념은 단지 성취의 문제가 아니라, 존재의 문제로 이어진다.

부모에게 그렇게 대우받았던 사람은 타인을 평가할 때도 같은 렌즈를 통해 본다. 자신이 존재로 사랑받지 못했기에, 타인 역시 성취로만 판단하게 되는 것이다.

비교의 끝에 남는 건 언제나 피로다. 남보다 앞서야 한다는 긴장은 끊임없이 몸과 마음을 졸이게 만든다. 하루를 버텨도 성취감보다 공허함이 더 크고, 잠시 쉬어도 불안이 따라붙는다.

잘하고 있으면서도 '이 정도로는 안 돼'라는 속삭임이 머릿속을 맴돈다. 완벽을 향한 노력은 점점 자기 비난으로 변하고, 결국 자신을 꾸짖는 내면의 목소리만 커진다.

그 피로는 단순한 '스트레스'가 아니라, 존재를 향한 냉대에 가깝다.

"나는 아직 부족하다"라거나 "조금 더 해야 한다"라는 말은 겉으로는 의지처럼 들리지만, 속으로는 자신을 몰아붙이는 채찍이 된다.

다른 길이 없다는 믿음 속에서 불안은 점점 커지고, 마음은 점점 더 식어간다. 불안은 냉기로, 냉기는 무력감으로 변한다.

그렇게 완벽을 향해 달려온 사람은 결국 자기 자신을 잃는다.

상담실에서 많이 접하는 어려움 중 하나가 바로 이런 악순환이다.

할 일이 많고 스트레스가 쌓이면 생각이 많아진다. 생각은 자꾸 부정적인 경로를 타고 흐르고, 그러다 보면 일을 미루게 된다.

이도 저도 아닌 상태로 지지부진하다가, 결국 마감 직전에 몰아쳐서 끝낸다. '이번엔 다르게 해야지' 다짐하지만, 다음에도 똑같은 패턴이 반복된다.

내담자들은 이 굴레에서 벗어나고 싶다고 호소한다.

일이 많아, 일에 치여서 그 효율이 떨어지는 건 어쩔 수 없다.

그런데 마음을 들여다보면, 문제는 단지 일의 양만이 아니다. 마음을 충분히 돌아봐주지 않고, 머물러주지 않은 데서 자꾸 마음이 지체되고 막히는 탓도 있다.

교묘하게도 우리 마음은 머리로 이해하면 마음으로도 소화했다고 착각하게 만든다. "알았어, 이제 괜찮아." 머리로는 정리가 됐다고 생각하지만, 마음은 여전히 그 자리에 머물러 있다.

그게 때로는 일을 완수하고 살아가는 데 필요한 기제이기도 하지만, 마음이 자꾸 체하게 되는 데 일조하는 장본인이 되기도 한다.

완벽주의의 강박, 생각의 강박, 착각의 강박. 이 모든 것이 마음을 체하게 만든다.

"완벽하게 해야 해"라는 목표는 시작하기도 전에 사람을 지치게 하고, "생각만 하면 되겠지"라는 착각은 실제 행동을 미루게 만들며, "이번엔 다를 거야"라는 믿음은 같은 패턴을 반복하게 한다.

그 사이에서 마음은 점점 더 무거워지고, 결국 자신을 향한 비난만 커진다.

"겉도 완벽해야 한다. 예쁘지 않으면, 잘생기지 않으면 뒤처질 수밖에 없다."

대한민국이 K-뷰티 산업을 전 세계적으로 선도하는 만큼, 미의 기준과 그것을 달성하기 위한 첨단 의료 기술이 어디까지 발전했는지 가늠할 수 있다. 서울 강남구에는 성형외과와 피부과를 중심으로 한 '뷰티 투어' 패키지까지 존재한다.

상담실에서도 외국인 내담자의 가족이 성형 시술을 위해 한국에 와 며칠 머문다는 이야기를 심심치 않게 듣는다.

획일화된 기준의 얼굴이더라도, 일정 수준을 넘어야만 타인의 시선과 평가를 충족시킬 수 있으리라는 믿음. 이 믿음은 국경을 넘어 확산하고 있다.

한 외국인 유학생 내담자가 내게 이렇게 말했다.

"중학생 때 교사가 그룹의 일원을 뽑는 기준을 외모로 정했는데, 그때 묘한 질투심이 생겼어요. 지금도 선생님이 예쁜 애들만 편애하던 장면이 머릿속에서 떠나질 않아요."

그에게 외모는 단순한 외양이 아니라, 존재의 자격을 결정짓는 기준이었다.

외모도 완벽해야 한다는, 이른바 '외피 완벽주의'는 사회적 생존의 영역을 넘어, 개인의 내면 깊숙이 침투한다. 타인의 시선을 의식하며 자신을 끊임없이 조각하고 다듬는 문화 속에서, 사람들은 자기를 이미지로 관리한다.

과도한 다이어트, 외모 비교, 그리고 동일한 기준으로 연예인을 가차 없이 평가하고 비난하는 사회 분위기…. 이 모든 것이 그 병폐를 드러낸다. 완벽을 향한 강박은 이제 얼굴과 몸 위에까지 새겨져 있다.

"민폐를 끼치면 안 된다. 상대가 불편해하면 내 탓 같다."

완벽을 향한 강박은 얼굴에서 멈추지 않는다. 사람들은 이제 마음의 표정까지 관리한다. 감정은 이제 흘러나오는 것이 아니라 다듬어 표현해야 하는 것으로 여겨진다.

관계 속에서 '좋은 사람' '괜찮은 사람' '예의 바른 사람'으로 보여야 한다는 압박은 가장 오래된 강박의 형태다.

우리나라에서는 타인에게 불편함을 주지 않는 것이 미덕으로 여겨진다. 그래서 분노보다 미소가, 거절보다 양보가, 솔직함보다 참음이 먼저 배운 감정 언어가 된다.

상담실에서도 종종 다음과 같이 이야기하는 내담자들을 만난다.

"화를 내면 제가 나쁜 사람 같아요."

"그때는 그냥 웃는 게 나을 것 같았어요."

"싫다고 말하면 상대가 상처받을까 봐요."

감정의 진폭을 줄여야 관계가 유지된다고 믿는 사람들. 그러나 그 감정의 억제는 결국 자기 자신을 향한 냉대로 이어진다. 겉으로는 다정하고 평온하지만, 내면은 얼음처럼 굳어 있는 경우가 많다. 타인을 배려하느라 정작 자신은 외면당한 채 살아가는 것이다.

이런 관계적 완벽주의는 한국인의 정서 구조 깊숙이 자리 잡은 '눈치 문화'와 맞닿아 있다. 우리는 '괜찮아요'라는 말을 예의처럼 사용한다. 괜찮지 않아도 괜찮다고, 관계가 안전하다고 믿는다.

하지만 괜찮음을 가장할수록 마음은 점점 더 식어간다. 감정은 흐르지 못해 고이고, 고인 마음은 결국 자신을 병들게 한다. 완벽한 사람, 다정한 사람으로 남으려는 그 노력 끝에는 자신의 감정을 잃어버린 '좋은 사람'이 서 있다.

완벽을 향한 강박은 결국 우리를 고립시킨다. 수치심은 나를 움츠리게 하고, 비교는 나를 지치게 하며, 외피의 완벽은 나를 타인의 시선에 가두고, 관계의 완벽은 내 감정을 봉인한다.

우리는 그렇게 '좋은 사람'이 되기 위해 '진짜 나'를 잃어버린다.

하지만 마음이 완벽할 필요는 없다. 온전함은 흠이 없을 때가 아니라, 흠이 있어도 자신을 미워하지 않을 때 생겨난다.

상처는 여전히 남아 있더라도, 그 안에서 자신을 따뜻하게 바라볼 수 있을 때 마음은 다시 따뜻해진다. 완벽함이 아니라 불완전함을 견디는 순간, 사람은 비로소 진짜 자신과 만난다.

나는 상담실에서 그 장면을 여러 번 보았다. 울고, 흔들리고, 실패한 이야기를 하면서도 결국 웃음을 되찾는 사람들.

그들의 회복은 완벽해진 것이 아니라, 불완전한 자신을 포용하기 시작했다는 증거였다. 마음이 다시 따뜻해지는 일은, 다름 아닌 자신을 용서하는 일에서 시작된다.

1 ⋯ 다른 사람과 나를 비교하는 일이 얼마나 자주 일어나는가?

2 ⋯ 비교 후에 가장 먼저 떠오르는 감정은 무엇인가?

3 ⋯ 실패를 '돌이킬 수 없는 낙인'처럼 느끼는 순간이 있는가?

4 ⋯ 나는 외모나 이미지가 어느 정도 완벽해야 안전하다고 느끼는가?

어딘가에는 털어놓고 싶은 이야기

완벽의 외피를 벗어내는 일은, 생각보다 훨씬 어렵다.

오랜 시간 단단히 다져온 갑옷은 타인의 시선뿐 아니라 자기 자신에게도 하나의 방패가 되어주기 때문이다. 하지만 그 방패는 동시에 마음을 숨기게 한다.

그렇게 단단히 무장한 채 살아온 사람일수록, 정작 마음을 나눌 곳이 사라진다. 그들은 언제부턴가 '괜찮은 사람'의 역할 속에 고립된다.

어떤 내담자는 이런 말을 했다.

"제가 힘들다고 말하면, 사람들은 의외라는 표정을 지어요. 저는 늘 침착하고, 괜찮은 줄 알았다고요."

우리는 흔히 감정을 드러내지 않는 사람을 '성숙하다'라고 착각한다. 하지만 그 차분함 속에는 억눌린 외로움과 피로가 켜켜이 쌓여 있다. 완벽한 사람의 얼굴 뒤에는 누구보다 불안하고 흔들리는 내면의 목소리가 숨어 있는 경우가 많다.

그리고 그 목소리는 늘 이렇게 속삭인다. "나도 괜찮지 않을 자유가 있으면 좋겠다"라고.

그러다 문득, 어느 날 완벽의 갑옷을 잠시 내려놓고, 오랜 세월 묻어둔 이야기를 누군가에게 털어놓고 싶은 순간. 그때 비로소 우리는 알게 된다. 진짜 회복은 완벽함의 재건이 아니라, 말할 수 있는 용기에서 시작된다는 것을.

60대가 넘은 한 노장 내담자가 상담실 문을 두드렸다.

자녀들은 이미 30대에 접어들었고, 그 자신은 업계에서 이름만 들어도 알 만한 대가였다. 그런 분이 어쩌다 자녀 또래의 나를 찾아오셨는지, 궁금해서 이유를 물었다.

나는 코로나 시기, 유튜브 채널 '마음쉼표'를 운영하기 시작했다. 내담자는 유튜브에서 우연히 내 채널 영상을 보게 되었고, 상담 과정을 논리적으로 설명하는 방식이 마음에 들어 찾아왔다고 했다.

"어딘가에는 제 이야기를 털어놓고 싶었습니다."

그 한마디에 이 만남의 이유가 다 들어 있었다.

그분은 평생 우울을 곁에 두고 살아왔다고 했다. 오래 묵은 상처가 마음속에 남아 있었지만, 어디서부터 손을 대야 할지 몰라 막막했던 것이다.

나는 그분의 긴 인생 이야기를 조용히 들었다. 들으면 들을수록, 그의 삶이 하나의 예술처럼 느껴졌다.

나에게 예술이란, 인내와 승화를 통해 자신만의 길을 개척하고, 마침내 그것이 타인에게 감동을 주는 순간을 뜻한다.

나는 그분의 여정을 그렇게 말씀드렸다. 그 말에 내담자의 눈가에 눈물이 맺혔고, 상담이 끝날 때까지 조용히 눈물을 흘리셨다. 그 순간 상담실의 공기마저 잠시 멈춘 듯했다.

"선생님, 제가 이 나이에 이렇게 위로받은 건 처음이에요. 오늘, 이 순간은 평생 잊지 못할 겁니다."

상담이 끝난 뒤에도 그는 감사의 마음과 깨달은 내용을 문자로 전해주었다.

그가 남긴 메시지에는 이런 문장이 있었다.

"선생님의 심정적 공감과 이해로 다가와 주심이, 잃었던 본래의 저 자신을 찾는 문을 열어준 것 같습니다. 상처로 인한 분노와 슬픔으로 터질 듯 높아진 압력이 많이 빠진 것 같은 기분입니다. 선생님을 잘 만난 것 같아 기분도 좋습니다. 다시 한번 감사드려요."

그 문장이 오래오래 남았다.

상담이란 어쩌면 '무언가를 해결하는 기술'이 아니라, 움직이지 않던 마음이 다시 살아나게 돕는 예술인지도 모르겠다.

기댈 곳 없고 이야기를 털어놓을 사람이 없는 이들이 곳곳에 있다. 특히 남성은 마음의 온도계에서 소외 지역에 머무는 듯하다. 가족에게조차 말하지 못한 채 묵묵히 버텨온 그 무게가 상담실 문을 열고 나서야 비로소 흘러나온다.

그들은 '남이라는 편안한 빌미에 기대어' 속 이야기를 털어놓는다. 어쩌면 나는 누군가의 인생에서 '처음으로 이야기를 들어준 사람'일지도 모른다.

"취약함은 약함이 아니라, 용기의 가장 정확한 표현이다."

수치심 연구의 세계적 권위자인 심리학자 브레네 브라운(Brene Brown)은 이렇게 말했다.

이 말이 특히 남성 내담자들을 자주 떠올리게 한다. 눈물 한 방울을 흘리는 순간, 그들은 약해지는 것이 아니라 비로소 '자신과의 관계'를 회복한다.

말할 수 있다는 건, 여전히 살아 있고, 여전히 연결될 수 있다는 증거이기 때문이다.

나는 힘들 때마다 가족에게 마음을 털어놓는 편이다. 그래서일까,

수십 년을 혼자 감당하며 살았던 이들의 이야기를 들을 때마다 경이로움과 경외심이 함께 밀려온다.

그 긴 여정의 어느 한 시점에서 그들은 상담실이라는 낯선 공간을 찾는다. 그리고 나는 그들의 인생이 새로운 변곡점을 맞이하는 순간에 동석하는, 조용한 증인이 된다.

내게 상담실은 '이야기의 복원소' 같은 곳이다. 삶의 서사에서 끊어진 문장들, 미완의 문단들이 다시 이어지고, 오래된 상처의 문장이 새로운 의미로 덧입혀지는 공간. 그곳에서는 '고백'이 곧 '회복'이 된다.

평생 처음으로 마음을 털어놓는 사람들, 누구에게도 말하지 못한 부끄러움과 곤란을 품고 온 사람들. 그런 이들을 만날 때마다 확신하게 된다. 사람에게는 누구나 숨 쉴 수 있는 안전한 공간이 꼭 필요하다는 것을.

그 공간이 가족이나 가정이면 가장 좋겠지만, 그것이 어려울 때, 또 다른 공간이 필요할 때는 상담실과 상담사가 그 역할을 대신해 줄 수 있다.

나는 기대어 쉴 둥지가 있는가. 많은 지인 속에서 정작 내 속 깊은 이야기를 털어놓을 사람은 단 한 명도 없는 건 아닌지. 완벽의 외피에 둘러싸여, 가장 부드럽고 따뜻한 결의 마음을 내보일 대상이 없었

101

던 건 아닌지.

단 한 명이라도 있다면, 당신은 이미 충분히 행복한 사람일 것이다. 만약 지금, 그 한 사람을 찾는 여정이라면, 상담실 문을 두드려보는 일은 생각보다 꽤 괜찮은 시작일지도 모른다.

1 ··· 최근에 '말하려다 삼킨 이야기'가 있다면 무엇인가?

2 ··· 내 삶에서 '괜찮은 사람' 역할을 내려놓기 어려운 이유는 무엇인가?

3 ··· 나는 누군가의 이야기를 진심으로 들어준 경험이 있는가?

4 ··· 마음의 갑옷을 잠시 벗어두어도 괜찮다고 느끼는 사람이 내 주변에 있는가?

서로에게 기대는 마음의 여러 얼굴_
사랑받고, 인정받고 싶은 욕망의 뿌리

어린 시절에 채워지지 못한 마음의 욕구는 쉽게 사라지지 않는다. 시간이 흘러도 다른 얼굴로 모습을 바꾸어, "아직 돌봐지지 않은 나를 봐달라"라고 조용히 속삭인다.

충분히 어루만지지 못한 마음은 언젠가 현실의 한 장면에서 우리를 멈춰 세운다. 달래지지 못한 내면 아이로 자리 잡은 채, 여전히 그 자리에서 운다.

살다 보면 크고 작게 그때의 결핍을 다시 마주하게 하는 순간이 찾아온다. 그중에서도 가장 깊은 자리에 남는 것이 애정 욕구와 인정 욕구다.

"나는 사랑받을 만한 사람인가?"

애정 욕구는 관계 속에서 '나는 안전하고, 사랑받을 수 있다'라는 확신을 주는 정서적 기반이다.

이 욕구가 제대로 충족되지 않을 경우, 타인의 시선을 통해 사랑을 확인하려 한다. "사람들 사이에 있어도 공허하다"라는 말은 단순한 외로움이 아니라 정서적 애착의 손실을 가리킨다.

히스테리성 성격, 과장된 말투나 반항적 행동, 건강염려증처럼 보이는 신체화 증상 등은 모두 '관심받고 싶은 마음'의 다른 표현일 때가 많다. 이들은 관계를 붙잡기 위해 끊임없이 신호를 보낸다.

우리는 종종 그것을 삶이 바빠서 어쩔 수 없는 일이고, 사람은 누구나 힘들지 않냐며, 대수롭지 않게 넘겨버린다. 하지만 그 신호를 들여다보면, 언제나 사랑받지 못할까 봐 두려운 불안이 숨어 있다.

이 마음이 오랫동안 방임되거나 외면될 때, 인간은 극단적인 형태로 반응하기도 한다. 누군가의 관심이 사라질까 봐 두려워 매달리거나, 상처받지 않으려고 관계를 끊는다.

심한 경우 '유기불안(fear of abandonment)'[타인이 자신을 싫어하거나 홀로 남겨질 것을 두려워하는 주관적 감정 상태를 말한다.]이 나타나고, 더 나아가 타인을 우상화하다가 애정 욕구가 좌절되면 경멸로 돌아서는 경계선 성격장애로 발전하기도 한다.

감정을 표현하는 연습도 물론 중요하다. 그러나 이런 내담자에게 더 근본적으로 필요한 것은 "관계 속에서도 나는 무너지지 않는다"

"내가 부족해도 여전히 사랑받을 만한 존재다"라는 정서적 확신이다.

누군가의 품에 기대어도 자신이 사라지지 않는다는 체험, 그것이 애정 욕구의 회복이며 관계의 진짜 시작이다.

그렇다면 사랑받고 싶은 마음이 채워지지 않을 때 인간은 어디로 향할까?

누군가는 여전히 관계 속에서 애정을 찾으려 애쓰지만, 또 다른 누군가는 방향을 틀어 '인정'이라는 길로 들어선다.

사랑이 불안하고 관계가 상처로 남은 사람일수록, 감정 대신 성취를 통해 자신을 증명하려 한다. '사랑받지 못하더라도, 적어도 인정은 받을 수 있어야 한다'라는 무의식적 다짐이 그들을 움직인다.

그렇게 애정의 결핍은 인정의 욕구로 모습을 바꾸고, 사람은 점점 더 잘해야 하고, 완벽해야 하며, 쓰러져서도 다시 일어나야만 하는 존재가 된다.

이때부터 인정 욕구는 단순한 자기 확신의 에너지가 아니라, 자기 존재를 지탱하기 위한 생존의 장치로 변해버린다.

문제는 이 두 욕구가 충돌할 때 발생한다. 사랑받고 싶지만, 그 욕구를 드러내는 것이 두려운 사람들. 그들은 인정을 통해 사랑을 증명하려 한다.

현대 사회는 성과와 결과로 사랑이 측정되는 구조를 만들어냈다. '사랑받는 존재'보다 '인정받는 존재'가 더 안전해 보이는 시대. 사람들은 관계의 따뜻함보다 성취의 확실함을 택한다.

"해당 학기에 1등 하면 방학 동안 가족 내에서 그 사람이 왕처럼 굴었어요. 말로 표현하긴 어렵지만, 분위기가 그렇게 조성됐어요. 부모님이 갖고 싶던 운동화도 사주시고, 어린 나이에 술을 마시게 해주시기도 했고요. 제가 왕이 되면 기분이 날아갈 듯 좋았어요."

그는 지금도 누군가의 칭찬이 없으면 마음이 불안하다.

"저 자신을 들여다보는 일이 두려워요. 두려울 때마다 아침 일찍 운동하며 동네 한 바퀴를 돌기도 하고, 일을 더 만들어서 몰입해요. 잠시라도 쉬는 순간이 오면 뭘 해야 할지 모르겠고, 뒤처질까 봐 더 매진하는데… 이젠 지쳤어요. 이게 안 먹히는 순간이 와서 너무 당황스러워요. 바뀌어야 한다는 건 알겠는데, 어떻게 시작해야 할지 모르겠어요."

사랑의 언어가 성취의 언어로 바뀐 것이다. 그의 삶은 늘 '잘해야만 괜찮은 사람'이라는 메시지 속에 있었다. 이런 사람에게 상담은 '사랑받기 위해 애쓰는 삶'에서 '그냥 존재해도 괜찮은 삶'으로 이동하는 연습이다.

타인의 평가로 자기 가치를 증명하려는 삶에서, '나는 존재 자체로 충분하다'라는 내적 확신을 되찾는 일이다.

사랑과 인정의 욕구가 채워지지 않을 때, 인간은 종종 건강하지 않은 방식으로 그 결핍을 메우려 한다. 자기 경계가 약해져 자존감이 낮아지고, 자신을 지키지 못한 채 타인의 요구에 끌려다니거나 '호구짓'을 하게 된다.

반대로, 상처받지 않으려 더 단단히 무장한 채 타인을 성과로만 판단하거나 냉담하게 대하는 사람도 있다. 결핍은 두 방향으로 흘러간다. 자신을 잃거나, 타인을 잃거나.

한 내담자는 이런 양극단의 길을 모두 지나온 사람이었다. 그는 터울이 있는 동생과 늘 비교당했다.

"너는 왜 그 모양이니? 또 사고 쳤니? 부모한테 용돈은커녕 돈만 빼가는 기계구나."

그는 이런 말을 들으며 자랐다. 부모 중 어느 한쪽이라도 그의 편을 들어주었다면 좋았을 텐데, 배우자 편을 드는 부모 아래에서 그는 늘 외로웠다.

동생마저 부모의 눈치를 보며 그에게 등을 돌렸다. 서러움이 밀려오면 화장실에 숨어 울었다. '왜 내 부모는 이런 사람들일까?' 다른 가정을 부러워하며 자기를 탓하던 시절이 길었다.

성인이 된 후에도 상처는 계속 이어졌다. 그가 속한 기관 내에서 또 다른 배신과 폭력이 벌어졌고, 그 과정에서 그는 피해자였으며, 여러 차례 피해가 거듭되었다.

"도대체 나는 왜 늘 이런 일을 겪는 걸까?" 그는 지쳐서 상담을 쉬었고, 한동안 삶을 포기하고 싶었다고 했다.

하지만 어느 날, 그는 다시 상담실을 찾았다.

"선생님, 그 사이에 부모님과 완전히 관계를 끊었어요. 이제 다시 나아갈 힘이 생긴 것 같아요."

그 결정은 애정과 인정 욕구의 절실함 속에서 이루어진, 결핍을 끊는 어려운 결단이었다.

이후 그는 자신을 돌보는 일을 멈추지 않았다. 연구자로서 세계적 저널에 논문을 발표했고, 무너졌던 자존감을 조금씩 회복해 갔다. 그의 성취는 더 이상 사랑을 얻기 위한 수단이 아니라, 자신을 존중하기 위한 증거가 되었다.

사랑과 인정의 결핍은 결국 자신을 대하는 방식으로 돌아온다. 인간은 타인을 통해 자신을 확인하지만, 끝내 자신을 돌보는 법을 배우지 않으면 관계 속에서도 외롭다.

결국, 사랑과 인정의 욕구가 나를 지배하지 않게 하는 일은 무엇보다 소중하다.

상담에서 내담자가 조금씩 자신의 감정을 인정하고, 그 감정이 틀리지 않았음을 깨닫는 순간, 그때부터 회복이 시작된다.

회복은 '누가 나를 봐주는가'보다 '내가 나를 어떻게 바라보는가'에서 시작된다. 부모의 목소리를 통해 나를 바라보는 시선과 목소리를 배울 수밖에 없는 시절이 있었지만, 어른이 된 우리는 스스로에게 부모가 되어 따뜻한 온도를 전해줄 수 있다.

혼자 걸어가기 힘들 때는, 그 따뜻함을 나누어줄 타인을 찾을 수도 있다. 상담사는 그 여정을 함께 걸어주는 좋은 타인이 되어 줄 수 있다.

사랑받기 위해 존재하는 내가 아니라, 존재하기에 이미 사랑받을 자격이 있는 나로 서는 일. 그게 바로 애정과 인정의 욕구가 건강하게 통합되는 지점이다. 나는 상담실에서 그 순간이 어떻게 피어나는지 여러 번 목격해 왔다.

1 ··· 나는 인정받지 못하면 존재 가치가 흔들리는가?

2 ··· 내 삶에서 '사랑의 언어'가 '성취의 언어'로 바뀌어 있음을 느낀 적이 있는가?

3 ··· 사랑과 인정의 결핍 때문에 스스로를 잃거나, 타인을 잃은 경험이 있는가?

4 ··· 나는 지금, 어떤 방식으로 나 자신을 돌보고 있는가?

5

우울, 멈춤의 지혜

우울은 나약함이 아니라 깊은 감정의 숨이다

2023년 기준, 우리나라의 우울증 유병률은 약 36.8%로 OECD 국가 중 가장 높은 수준이다. 전 국민 10명 중 4명이 우울증이나 우울감을 경험하고 있으며, 코로나19 이후 사회적 거리 두기의 여파로 그 비율은 더 높아졌다.

여전히 자살률 1위 국가라는 오명에서 벗어나지 못하고 있다는 사실은 우울이 개인의 문제가 아니라 사회의 구조적 질병임을 말해준다.

"한국에 오기 전, 한국에 대해 알던 두 가지가 미(美)와 자살이었어요. 자살률이 높다는 건 알았지만, 왜 그런지는 몰랐어요. 이렇게 좋은 아파트에 살면서 왜 삶을 포기할까, 이해가 안 됐어요. 그런데 이제는 알 것 같아요. 열심히 일해도 한순간에 무너질 수 있고, 취업을 못 할 수도 있고…. 이제 왜 그런 생각이 드는지 이해가 돼요."

한국에 산 지 10년이 다 되어가는 외국인 내담자가 내게 한 말이다. 한국에 오래 머무는 외국인조차 우울의 구조를 체감할 만큼, 이 사회는 어느새 '우울 공화국'이 되어버렸다.

문제는 여전히 우울증이 있다는 사실을 밝히는 일이 어디선가 터부시된다는 점이다. 소리 소문 없이 스러지는 소리가 고통의 동굴 속에서 메아리치고 있다.

하지만 우울은 결코 낯설거나 특수한 감정이 아니다. 우울감이라는 정상적이고 일반적인 정서에서 출발해 바라보면, 그리 멀리 떨어진 감정도 아니다.

우울증은 내가 생각하는 '이상적 나'와 현실의 '현재 나'가 끊임없이 부딪치며 불일치할 때 생기는 마음의 병이다.

저조한 기분과 슬픔은 누구에게나 일시적으로 찾아올 수 있는 자연스러운 정서적 반응이다. 그러나 그 상태가 길어지고, 삶의 기능을 손상하는 수준으로 내면을 잠식할 때 우리는 그것을 '우울증'이라 부른다.

미국의 심리학자 마틴 셀리그먼(Martin Seligman)이 말한 '학습된 무기력(learned helplessness)'[통제할 수 없는 경험이 반복되면 무기력이 학습된다는 이론]처럼, 어려운 상황이 반복되면 사람은 점점 '아무것도 할 수 없다'라는 절망을 내면화하게 된다.

그때, 마음은 점점 경직되고, 온도 조절 기능을 잃는다. 빛과 어둠이 조화를 이루지 못한 채, 어둠으로만 가득 차버린다. 그 결과, 마음의 조리개가 닫히듯 세상을 비추던 감정의 빛마저 닿지 않게 된다.

이 순간부터 우울은 단순한 슬픔이 아니라, 삶을 버티기 어려운 절망으로 변한다. 극단적인 경우, 그 절망의 끝에는 삶으로부터의 도피, 곧 죽음을 선택하는 생각에까지 닿게 된다.

그렇다면 우울을 어떻게 만나주어야 할까?

사실 어떤 감정이든 생존을 위해 나름의 기능적 목적으로 만들어진 장치다. 우울 역시 마찬가지다. 우울은 기분이 저조할 때 자신을 돌아보고 반추하게 하며, 더 이상 감정적 고통을 느끼지 않기 위해 마음이 스스로를 차단하려는 시도이기도 하다.

이 과정이 비효율적으로 보이더라도, 고통의 순간에는 나름의 보호 기능을 수행한다. 하지만 보호의 기능 뒤에는 언제나 현실의 무게가 존재한다.

손석구 배우가 연기한 JTBC 〈나의 해방일지〉의 구 씨는 매일 술로 하루를 버티며, 방을 가득 메운 소주병을 바라보면서도 그것을 치우지 못한 채 그저 지나쳐 간다.

겉으로는 무기력처럼 보이지만, 사실은 감정의 압력에 짓눌려 '소주병 하나 들어 올리는 일'조차 버거운 상태이다.

우울이란 감정이 얼마나 깊고 무겁게 몸을 가라앉히는지, 일상 속 가장 사소한 움직임마저 마비시키는 장면이다.

그래서 우울할 때 '우울한 나'를 있는 그대로 받아주는 일이 선행되어야 한다. 우울의 기능 박스 안으로 들어가, 그 안에서 나를 안아주는 것이다.

"상황이 좋지 않아서 내가 울적하구나. 그래도 애쓰고 있구나"라고 자신에게 말을 건넬 수 있다면, 이미 회복은 시작된 것이다.

우울의 터널에서 벗어나는 일은 결국 '초월적 시선'을 가질 때 더 수월해진다. 자기 삶을 한 걸음 물러서서 전체적으로 조망해 보면, 지금의 고통이 삶 전체를 규정하기엔 극히 작은 일부임을 알 수 있다.

때로는 현재까지의 '나에 대한 생각'을 잠시 내려놓는 것도 도움이 된다. 지나치게 선명한 자기 기준은 힘든 순간, 오히려 나를 더 옥죄기 때문이다.

우울은 감정이 멈춘 상태가 아니라, 감정이 숨을 고르는 시간이다. 겉보기엔 조용히 가라앉아 있는 듯하지만, 그 안에서는 무너진 마음의 조각들이 제자리를 찾아가고 있다.

또한 우울은 우리에게 '조금만 쉬어도 괜찮다' '지금은 그저 버텨도 된다'라고 말해주는 내면의 숨결이다. 정서 에너지의 방향이 전환되는 시기임을 알리는 신호이자, 외부를 향하던 에너지가 내면으로 돌아오면서 생기는 심리적 휴식기의 신호탄이다.

우리는 흔히 우울을 극복해야 한다고 생각하지만, 사실 우울은 '견뎌야 할 대상'이 아니라 '들여다보아야 할 신호'다.

카를 구스타프 융(Carl Gustav Jung)에 의하면 우울은 '자기(Self)가 자아(Ego)에 보내는 신호'이다.

감정이 더 이상 외부로 향하지 못할 만큼 지쳐서 자신을 보호하기 위해 안으로 향할 때, 마음은 그제야 자신을 회복할 틈을 갖는다. 일상의 평지에서 내딛던 걸음보다 보폭을 좁혀, 깊은 감정의 바닷속에서 더 천천히 유영하듯 살펴볼 때가 온 것이다.

그 깊이를 마주하는 방식은 사람마다 다르다. 유일하게 기대던 가족원을 잃은 슬픔으로 학업에 집중하기 어려운 학생, 자신의 계획과 달리 흘러가는 인생의 과정을 실패로 받아들이는 완벽주의자, 이별로 인해 혼자 있는 시간이 공허하고 작은 일에도 짜증이 쉽게 나는 사람, 방임된 채로 지내 와 감정선이 발달하지 않아 "몰라요"로만 답하던 고성취자.

모두가 저마다의 방식으로 우울의 바다를 지나고 있었다. 우울은 이렇게 각자의 언어로 모습을 드러낸다.

어떤 이는 불면과 무기력으로, 어떤 이는 잦은 짜증과 예민함으로, 또 어떤 이는 지나치게 바쁘게 움직이며 감정을 피하려 한다.

표정은 다르지만, 그 안에는 공통된 마음의 목소리가 숨어 있다.

"이제는 조금 쉬어도 될까요?"

상담 장면에서도 그런 순간이 종종 찾아온다. 내담자가 "아무 감정도 느껴지지 않아요"라고 말할 때, 그 말속에는 '이제라도 진짜로 느껴보고 싶어요'라는 조용한 호소가 숨어 있다.

감정이 닫힌 듯 보이지만, 실은 더 이상 버티기 어려운 마음이 '이제 그만 멈추자'라고 신호를 보내는 것이다. 그래서 우울은 마음이 완전히 식은 상태가 아니라, 여전히 살아 있음을 알려주는 마지막 체온이기도 하다.

우울을 억누르지 않고 천천히 통과할 때, 우리는 그동안 밀어내던 감정의 얼굴을 마주하게 된다. 그 얼굴을 있는 그대로 바라볼 수 있을 때, 비로소 감정은 방향을 바꿔 흐르기 시작한다.

우울은 그 흐름이 다시 시작되기 전의 고요다. 어쩌면 그 고요 속에서만 진짜 자신의 목소리를 들을 수 있는지도 모른다.

1 … '이상적 나'와 '현재의 나' 사이에서 가장 크게 충돌하는 지점은 무엇인가?

2 … 요즘 반복적으로 떠오르는 자기 비난 문장은 무엇이며, 그것은 실제 사실인가, 아니면 지친 마음의 경보인가?

3 … 지금의 나에게 '조금만 쉬어도 괜찮다'라고 말해주고 싶은 부분은 어디인가?

4 … 우울의 고요 속에서 들려오는 '진짜 내 목소리'는 어떤 이야기를 하고 있는가?

모든 것이 멈춘 것만 같은 때가 있다. 거울 속의 내가 유난히 초라해 보이고, 생각도 잘 이어지지 않고, 마음은 굳어버린 듯 새로운 것을 만들어내지 못한다. 이대로라면 세상에 뒤처질 것만 같고, 나만 진실을 모른 채 속고 살아온 건 아닐까 하는 생각이 스칠 때도 있다.

계절이 급격히 식어가며, 흐르던 물 위로 서리가 얹히는 순간처럼 마음이 정지한 듯 느껴질 때, 우리는 흔히 그것을 '실패'라고 부른다.

나는 유독 10월 말의 가을이 힘겹다. 사람에 따라 태어날 때의 사연이나 어린 시절 어머니의 정서가 계절과 맞물려 생일 무렵을 어려워하기도 한다.

내 경우는 조금 다르다. 생리적 리듬이 요동치는 시기이기도 하지만, 해마다 이맘때면 세상을 떠난 이들이 문득 떠오른다. 어느 순간 사라져버린 사람들, 한때 빛나던 삶을 살았지만 끝내 그 무게를 견디

지 못했던 이들. 그들의 감정이 낯설지 않게 다가와 내 안으로 스며
드는 느낌이 들 때가 있다.

가끔은 너무 행복했던 날이기에 더 슬픈 날도 있다. 다시는 쉽게
닿을 수 없는 젊은 날의 빛나는 순간들을 떠올리면, 그 기억이 오히
려 상실감으로 번져온다.

이유를 명확히 설명하기 어렵지만, 내게 가을은 언제나 '멈춤'의
계절이다. 그리고 그 멈춤의 감각은 어쩐지 실패감과 닮아있다.

모든 것이 정지한 듯 느껴질 때, 나는 그것을 '감사를 배우는 시간'
으로 받아들이려 한다. 지금까지 내가 무엇을 이루며 살아왔는지, 얼
마나 많은 것을 값없이 누려왔는지를 돌아본다.

그렇게 마음을 거슬러 올라가다 보면, 멈춤은 더 이상 실패가 아니
다. 그것은 나를 향한 회복의 신호이자, 내면이 다시 호흡을 고르는
시간이다.

감사를 떠올리다 보면 불안도 잦아들고, 우울도 조금씩 결이 바뀐
다. 해 질 녘 햇살처럼 서서히 물러가며, 정지된 마음 위로 따뜻한 기
운이 스며든다. 그렇게 멈춤의 시간은 새로운 생명이 자라날 토양이
된다.

그리고 어느 순간, 멈춰 있던 시간 속에서 무언가가 천천히 움직이기 시작한다. 처음엔 아주 미세한 감각이다. 답이 없는 질문을 붙잡고 있던 마음이 느슨해지고, 나를 괴롭히던 문장이 희미해진다.

아무것도 하지 않던 그 시간 동안, 내 무의식은 조용히 일하고 있었다. 보이지 않는 내면의 손이 뒤엉킨 실타래를 천천히 풀어내듯, 의식 아래에서 삶은 제 방향을 찾아간다.

심리학자들은 우울을 '심리적 통합의 전조'라고 말한다. 오래 눌러두었던 감정과 생각이 다시 표면으로 올라오며, 나를 하나로 묶으려는 무의식의 움직임이 시작되는 것이다.

멈춤은 그 과정을 위한 준비다. 마음이 회복될 수 있도록, 내면은 의도적으로 속도를 늦추고 감각을 둔화시킨다. 그때 우리는 겉으로 보기엔 무기력하지만, 내면에서는 재구성이 일어난다. 이 느리고 깊은 과정이야말로 진짜 '회복'의 시간이다.

우리는 흔히 '무언가를 이루지 못한 나'를 실패한 존재로 여기지만, 존재는 언제나 '하고 있음'이 아니라 '있음' 그 자체로 충분하다. 멈춤의 시간은 나를 다시 '있게 하는 시간'이다. 세상이 멈춰도 나는 여전히 존재하고, 그 사실만으로도 이미 충분하다.

그러니 멈춤을 두려워하지 말자. 그것은 무너짐이 아니라 숨 고르기이며, 다시 일어설 준비의 시간이다.

혹시 지금 멈춰 있는 당신이라면, 자신을 다그치기보다 잠시 그 자리에 머물러도 좋다고 말해주자. 아무 일도 일어나지 않는 것처럼 보여도, 당신의 내면은 분명 조용히 일하고 있다.

삶은 우리가 서두르지 않아도 제시간에 다시 흘러가기 시작하니까. 그리고 언젠가 당신이 다시 걸어 나갈 때, 그 발걸음은 이전보다 훨씬 단단하고 다정해져 있을 것이다.

1 ··· 요즘 내 마음은 무엇 앞에서 멈추고 있는가?

2 ··· 멈춰 있는 지금의 나를 실패로 해석하게 만드는 기준은 어디에서 비롯된 것인가?

3 ··· 멈춰 있는 동안, 불안 대신 감사로 바라보면 달라지는 것은 무엇인가?

내 안의 어둠을 품을 때 비로소 보이는 빛

우리 안의 감정들은 한 가족처럼 함께 살아간다. 영화 〈인사이드 아웃〉의 감정 캐릭터들처럼 각자 제 역할이 있고 때가 되면 전면에 나섰다가 다시 물러난다. 화를 내야 할 때는 분노가, 즐거울 때는 기쁨이 무대 위로 올라선다.

이 감정들이 균형을 이루며 살아갈 때 우리는 온전하다. 하지만 한 감정이 지나친 조명을 받거나, 반대로 조명받아야 할 감정이 읽히지 않은 채 시간이 흐르면 균형은 깨지기 시작한다.

'당신은 누구에 가깝나요?'라고 물으면 나는 단연 '슬픔이'라고 답할 것이다. 나는 슬픔이 많은 사람이다. 그런데 아이러니하게도, 내가 가장 오래 외면했던 감정 역시 슬픔이었다.

어릴 적 꿈을 이루지 못한 상실감은 내게 심리적 죽음을 선고하는 일이나 마찬가지였다. 생의 의지를 잃은 채 살아가는 것은 그저 내 앞에 놓인 풀어야 할 과제였다.

어릴 땐 홀로 숨죽여 한없이 울어도 보았다. 그런데 어디에서도, 나 스스로 슬픔을 해결할 길을 찾지 못하자 언젠가부터 울음을 멈추기 시작했다.

울면 하루 종일 피곤하고, 잠이 쏟아지며, 몸이 노곤해져 아무것도 할 수 없었다. 교회에 가는 일도 멈추었다. 울어도 해결되지 않는 슬픔을 위해 누군가가 나 대신 목 놓아 울어주었다는 이야기조차 내게는 위로로 오래 남지 못했다.

그렇게 해결되지 않은 슬픔을 더 어두운 구석으로 몰아놓고서, 나는 온종일 일에 몰입하기 시작했다.

아나운서와 심리상담사. 두 가지 일을 시기적으로 거의 동시에 시작하면서, 내 감정을 혼자 처리하는 일이 꽤 익숙해졌고, 일을 택한 시간만큼 전문성은 쌓여만 갔다.

차분하고 내향적인 특성은 자칫하면 우울하게 보일 수 있다. 초기에 감독님, PD님들에게 우울하다는 소리를 자주 들어서 고치려고 노력했더니 달라졌다.

우울할 때조차 '힘들어 보인다'라는 얘기는 들어도 우울해 보인다는 얘기는 듣지 않게 되었다. 한 번은 일터에서 노력이 열매를 맺었다는 생각에 무척 좋아했던 기억도 난다.

지금 생각해보면, 당시의 나는 나의 감정과 완전히 불일치한 삶을 살고 있었다. 상담사로서라면 단번에 알아챘을 텐데, 정작 내 삶에서는 보지 못했다.

융은 우리가 인정하고 싶지 않아서 무의식에 밀어 넣은 모든 것을 '그림자'라고 불렀다. 우리는 세상에 보여주고 싶은 얼굴만 골라 쓴다. 친절한 사람, 강한 사람, 슬기로운 사람. 그 가면 뒤로 밀어낸 비겁함과 이기심, 나약함과 인정받지 못한 욕망들이 어둠 속에서 조용히 숨을 쉰다.

내게 그 그림자는 바로 '슬픔'이었다.

나는 감정을 쓰지 않기 시작했다. 대신 머리를 가동했다. 교묘하게도, 느끼는 것과 아는 것은 비슷한 경험을 준다.

사고와 감정이 곧 같은 것이라는 이론도 많이 있고, 나 또한 상담할 때 이러한 접근을 많이 사용하지만, 그 해석적 틀은 희한하게도 감정을 차단하게 했다.

아나운서라는 직업은 이 분리를 더욱 강화했다. 카메라 앞에서는 언제나 침착하고 안정적인 모습을 보여야 했다. 페르소나 뒤편의 나약함, 인정받지 못한 감정은 어둠 속에서 그저 조용히 숨만 쉬고 있었다.

전환점은 나의 분석가와의 작업에서 찾아왔다. 어느 날 선생님이 말씀하셨다.

"말할 때 아무렇지도 않은 듯하고 있는데, 감정을 느끼지 않은 채 논리정연하게 감정을 얘기하고 있어요."

그 말을 듣는 순간, 나는 깨달았다. 내가 얼마나 오랫동안 감정으로부터 도망쳐 왔는지를.

한 발짝 감정 쪽으로 옮겨 놓자마자 나는 눈물 콧물을 빼며 울고 있었다. 조금만 말을 꺼내도 목이 메는 것을 느꼈다. 메인 목을 향해 감정을 옮기자, 내가 잃은 상실을 애도하는 슬픔이 어마어마하게 몰려왔다.

나는 그제야 무의식에 밀어 넣고 인정해주지 않았던 그림자를 바라볼 수 있었다. 자꾸 돌봐주어야 했던 슬픔이었는데, 어느 순간부터 지쳐서 가면 뒤로 밀어둔 것이다.

이따금 우울이 밀려올 때를 가만히 살펴보면, 그것은 '그림자와의 만남'이 절실하다는 신호다. 내가 통제하려던 삶의 장벽이 허물어지고 약해져 무너지려 할 때, 그때 그림자가 수면 위로 올라온다.

가족의 일원으로 받아줘야 했을 슬픔이를 나는 의도적으로 소외시켰고, 무의식 아래로 억압해두었다.

슬픔을 인정하고 나서야 비로소 알았다. 슬픔이가 얼마나 외로웠고, 내가 그에게 얼마나 미안했는지를.

나한테 딸린 자식인데 밉다고, 지친다고, 나와 가장 닮은 나를 더 서글프게 만들고 있었다.

슬픔이는 내가 외면하는 동안에도 조용히 그 자리에서 나를 기다리고 있었다. 인정받기를, 안아주기를, 그저 "너도 나야"라고 말해주기를 기다리며.

융이 말하는 빛과 그림자의 만남은 제거가 아니라 인정이다. '나에게 이런 면도 있다'라는 것을 받아들일 때 비로소 통합된 온전한 내가 될 수 있다.

빛만 있는 삶은 없다. 빛이 있으려면 그림자도 있어야 한다. 빛이 환하게 비추기 위해 나에게 그림자가 있으며, 그림자 또한 나의 일부임을 받아들이자. 이를 인정할 때 오히려 휘둘리지 않는 역설이 빛을 더 환하게 비추어준다.

슬픔이 사라진 것은 아니다. 여전히 10월이 오면 마음이 무거워지고, 괜스레 눈물이 난다. 하지만 이제 나는 그 슬픔을 밀어내지 않는다.

"네가 왔구나. 오늘은 어떤 이야기를 하고 싶니?"

그렇게 묻고, 함께 앉아 있어 준다. 슬픔이가 하고 싶은 말을 다 할 때까지 옆에 있어 준다. 그러면 신기하게도 슬픔은 제시간이 되면 조용히 물러간다. 억지로 밀어내지 않아도, 스스로 제자리로 돌아간다.

그러자 신기하게도 다른 감정들도 제 목소리를 내기 시작했다. 분노도, 기쁨도, 두려움도. 모두가 제자리를 찾아가자, 나는 비로소 '온전한 나'와 마주할 수 있었다. 완벽하지 않아도, 때로는 나약해도, 슬픔이 많아도 괜찮은 나를.

어둠을 품는다는 것은 어둠 속에 사는 것이 아니다. 어둠이 내 일부임을 인정할 때, 빛은 더 환하게 빛난다. 그림자를 받아들인 사람만이 진짜 빛을 볼 수 있다는 것. 그것이 내가 우울의 터널을 지나며 배운 가장 큰 지혜다.

1 ··· 최근에 감정보다 '이성'으로 해결하려 했던 순간은 언제였나?

2 ··· 인정하고 싶지 않아 그림자로 밀어둔 내 모습은 무엇인가?

3 ··· 나에게 가장 큰 부분을 차지하는 감정이 찾아왔을 때 나는 어떤 태도로 맞이하고 있는가?

4 ··· 지금 내가 감정에 해주고 싶은 말은 무엇인가?

6

혼자 있을 수 있는 능력

혼자 있는 시간을 두려워하지 않는 법

'혼자'라는 말은 언제나 타인을 전제한다. '함께'가 아닌 상태를 구분하기 위해 생겨난 단어. 우리는 '함께 강박증' 속에서 자랐다. 어려서부터 '함께'해야 옳다고 배워왔다. 환경을 보호하는 일, 서로를 배려하는 태도, 바른말 쓰기까지, 함께하면 좋은 일이라는 믿음이 깊이 새겨졌다.

그래서 '혼자' 있는 일은 왠지 부끄럽고, 이상한 일처럼 여겨진다. 혼자 있는 시간의 가치를 사회적으로 다시 생각해볼 기회는 좀처럼 없다. 그저 인문학 강의나 유명인의 인터뷰 속에서, 홀로 있음을 통해 무언가를 극복했다는 이야기만이 잔잔한 울림으로 남는다.

만약 '혼자 있음'이 사회적 의제가 될 수 있다면, 우리는 훨씬 더 당당하게 혼자임을 즐길 수 있지 않았을까.

대중의 무의식 속에는 여전히 '혼자 있는 사람은 외로운 사람'이라는 각인이 남아 있다. 혼자 밥을 먹으면 사회성이 부족한 사람, 혼자 여행하면 친구가 없는 사람처럼 보일까 봐 두렵다.

"혼자 있음을 즐긴다"라고 말하면서도, 실은 그 시간마저 완전히 즐기지 못하는 때가 얼마나 많은가.

휴대전화가 없던 시절을 떠올려본다. 약속 장소에 일찍 도착했을 때, 그저 멍하니 앉아 있거나 지나가는 사람들을 바라보며 시간을 보냈다.

그 짧은 대기 시간조차 견딜 수 없게 된 건 언제부터였을까. 지금은 신호등 앞 1분의 대기도 참지 못하고 휴대전화를 꺼낸다.

엘리베이터 안 30초의 침묵도 어색해서 거울을 보거나 층수 표시를 응시한다. 우리는 점점 혼자 있는 시간, 아무것도 하지 않는 시간을 견디지 못하게 되었다.

이 불안의 정체는 무엇일까. 혼자 있으면 쓸모없어 보일까 봐, 외로워 보일까 봐, 아무도 내가 필요하지 않은 것처럼 보일까 봐 두려운 것이다.

SNS는 이런 두려움을 증폭시킨다. 타임라인에는 늘 누군가와 함께 있는 사람들의 사진이 넘쳐난다. 혼자 밥 먹는 사진을 올리더라도 '오늘은 혼밥 중'이라는 해명 같은 문구를 달아야 할 듯한 묘한 압박감.

우리는 마치 혼자 있음이 변명이 필요한 상태처럼 여겨지는 시대를 살고 있다.

혼자 있음과 외로움은 다르다. 외로움은 감정이기에 어디서나 느낄 수 있다. 혼자 있을 때도 느끼고 많은 사람으로 둘러싸여 있을 때도 느낀다.

수십 명이 모인 회식 자리, 친구들과의 왁자지껄한 모임에서도 문득 밀려오는 공허함. 그것이 진짜 외로움이다.

반면 혼자 있는 건 물리적인 개별성을 뜻한다. 다수임과 소음, 여러 자극으로부터 분리되어 나로만 공백을 가득 채운 시간과 공간을 사랑할 의지를 내비치는 행위이다.

눈에 보이는 시공간으로부터의 고립일 수도 있고, 어쩌면 더 깊숙이는 내면의 생각과 감정을 최대한으로 확장해 온몸을 가득 채운다는 것을 의미할 수도 있다. 그래서 이 경험을 위해 혼자 카페에 가거나 영화를 보고, 흔히 말하는 'ME-TIME' 해시태그를 달면서 홀로 있음을 시도하는 것이다.

하지만 혼자 카페에 가면서도 계속 휴대전화를 본다면, 혼자 영화를 보면서도 끊임없이 메시지를 확인한다면, 그것은 진정한 홀로 있음이 아니다. 물리적으로는 혼자지만 정신은 여전히 타인과 연결된 상태이다.

진짜 혼자 있음은 디지털 세계로부터도, 타인의 시선으로부터도 온전히 분리되는 용기가 필요하다.

혼자 있는 시간을 두려워하지 않으려면, 작은 것부터 시작해야 한다.

하루 10분, 아무것도 하지 않고 그저 창밖을 바라보는 시간, 출퇴근길 이어폰을 빼고 걷는 시간, 샤워할 때만큼은 휴대전화를 욕실 밖에 두는 습관….

이런 작은 실천들이 쌓이면 점점 고요함에 익숙해진다.

처음에는 불편할 수 있다. 아무 자극이 없으면 온갖 잡념이 떠오른다. 해야 할 일, 미루고 있던 문제, 불안한 미래. 그래서 사람들은 이 시간을 피한다. 하지만 이 불편함을 통과해야만 진짜 나를 만날 수 있다.

소음이 사라진 자리에서 들리는 내 마음의 목소리. 그것이 혼자 있는 시간이 주는 첫 번째 선물이다.

쇼펜하우어는 고독을 사랑할 수 없다면, 자유도 사랑할 수 없다고 말했다. 인간은 혼자 있을 때만 자유로울 수 있기 때문이다.

'혼자'는 타인을 상정하고 있으니, 그로부터 최대한 멀어져 보겠다는 적극적 의지가 발현된 말이 '홀로 있음'이 아닐까.

이것은 인간의 특성 중 하나인 관계성으로부터 거리를 두어 사람됨으로부터 멀리 떨어져 또 다른 제4자적 관점을 가지겠다는 욕심으로도 들린다. 그것이 어쩌면 이른바 '현생'을 떠난 자유로움일 것이다.

혼자 있는 시간은 타인의 기대, 사회의 요구, 관계의 역학으로부터 잠시 벗어나는 시간이다. 누군가의 딸, 아들, 직원, 친구, 연인이라는 역할을 내려놓고, 그저 '나'로만 존재할 수 있는 시간.

이 시간만큼은 누구에게 맞추지 않아도 되고, 설명하지 않아도 되며, 기대에 부응하지 않아도 된다.

혼자 있는 시간을 두려워하지 않는다는 것은 결국 나 자신과 편안해지는 것이다. 타인의 존재로 나를 증명하지 않아도, 누군가의 인정으로 내 가치를 확인하지 않아도 괜찮다는 것을 아는 것. 그것이 진정한 자유의 시작이다.

혼자 있을 수 있는 사람만이 함께 있을 때도 진정으로 자유로울 수 있다.

1 ··· '혼자라서 외롭다'와 '혼자여서 편안하다'를 나는 어떻게 구분하고 있는가?

2 ··· 혼자 있는 시간에 떠오르는 생각 중 지금 가장 들여다보고 싶은 것은 무엇인가?

3 ··· 혼자 있을 때 내가 내려놓고 싶은 '역할'은 무엇인가?

4 ··· 나와 편안하게 함께 있기 위해 오늘 실천할 수 있는 작은 한 가지는 무엇인가?

혼자 있을 때 진짜 내가 보인다

바깥으로 나가려고 하는 순간, 우리는 어떤 선택을 통해 기회비용을 쓴다. 나갈 때 얻는 것은 세상사의 정보 공유, 사람들 속에서 분위기를 즐기는 맛, 업된 감정과 흥, 다음을 기약하는 약속, 친밀감, 내 앞에 활력을 불어넣는 가시적인 희망 등이 있다.

그런데 나감으로써 잃는 것도 있다. 내가 나와 조용히 나누는 대화, 진정성을 쌓기 위해 필요한 시간과 노력, 일정과 루틴을 정돈할 수 있는 리듬….

무엇보다 내가 깊이 느끼는 감정이란 녀석이 있다. 사람들과 만나는 가운데에서도 감정의 소리를 들을 수는 있다.

하지만 마음속 깊은 곳에서부터 울리는 메아리를 붙잡아 끌어올리기 위해서는 귀 기울여 집중하는 시간이 필요하다. 사람들의 의견과 분위기에 휩쓸려 그 주파수를 잡아내는 것이 쉬운 일은 아니기 때문이다.

결국 중요한 건, 그 모든 선택의 끝에서 '나'를 얼마나 들을 수 있는 가였다.

나는 주로 다큐멘터리나 인터뷰 프로그램을 진행하는 아나운서다. 인기에 영합하기 위해 화려한 옷도 입어봤지만, 아나운서로서 발 랄한 사람처럼 연기하는 건 쉬운 일이 아니었다. 감독님, PD님이 "너 는 예능은 아닌 것 같다"라고 하셨다. 물론 캐릭터를 달리 계발하고 발전시키면 되는 문제이기는 한데 문제는 내 내면의 소리였다.

'이런 역할은 내게 맞지 않는 것 같다. 나는 인터뷰할 때, 다큐멘터 리 프로그램을 맡을 때 비로소 내 옷을 입은 것 같아. 인기가 떨어지 는 영역이라고 해도 이곳이 내가 있어야 할 곳이다.'

주위에서도 인터뷰 질문이 깊고 차분하며 세련된 목소리가 다큐 멘터리와 잘 어울린다고 했다. 스스로 귀 기울이고 그 목소리에 따라 영역을 정하자, 신기하게도 비슷한 영역에서 기회가 자꾸 주어졌다. 다른 분야의 일이 들어오면 브랜딩과 이미지를 위해 선택하지 않는 경우도 있었다.

내가 이 내면의 소리를 들을 수 있었던 건, 혼자 있는 시간이 충분 했기 때문이다. 만약 끊임없이 사람들을 만나고, 모임에 나가고, 주변 의 조언을 듣느라 바빴다면 나는 여전히 '인기 있는 아나운서'가 되려고 애쓰고 있었을지도 모른다.

타인의 기대는 때로 너무 크고 선명해서, 내 작은 목소리를 완전히 덮어버린다. 도널드 위니컷(Donald Woods Winnicott)[영국의 소아과 의사이자 정신분석가. 현대 정신분석과 아동 발달 이론에 큰 영향을 끼쳤다.]에 의하면 '혼자 있을 수 있는 능력은 사랑할 수 있는 능력의 전제조건'이다.

나 자신을 사랑하기 위해서도, 내 일을 사랑하기 위해서도, 먼저 나를 들을 줄 알아야 했다.

생각해보니 '상담하는 아나운서'라는 방향성을 설정한 것도 2개월간 혼자 있을 때 고독의 시간 속에서 맺힌 열매였다.

아직도 길을 찾았던 순간을 심상으로 정확하게 기억한다. 심해의 깊은 곳 아래로 무섭게 가라앉고 있었는데, '이곳이 바닥이구나'를 정확히 안 순간, 곧바로 힘차게 걷어차고 올라가기 시작했기 때문이다.

혼자 있음은 길을 제시한다. 고독은 방향을 정돈한다. 모래의 사금이 가라앉을 때까지 인내를 가지고 임하며, 그 가운데서 선명하게 떠오르는 메시지를 붙잡는 데 필요한 것은 결국 나에 대한 믿음이다.

그 2개월은 절대 평화롭지 않았다. 아니, 평화롭지 않다는 감각조차 무뎌진 시간이었다. 우울은 불안이나 초조와는 다르다.

불안은 뭔가를 향해 달려가고 싶은데, 갈 수 없을 때 오는 것이고,

초조는 시간에 쫓기는 느낌이다.

하지만 우울은 그 모든 것이 사라진 자리에 찾아온다. 나는 뒤처지고 있다는 느낌조차 들지 않았다. 동료들이 화려한 무대에 서고, 친구들이 즐거운 일상을 공유하는 것을 보면서도 아무 감정이 일지 않았다. 부럽지도, 초조하지도, 슬프지도 않았다. 그저 텅 비어 있었다.

공백의 시간은 고통스러웠지만, 역설적으로 그 바닥에서 나는 비로소 내가 진짜 원하는 것이 무엇인지 볼 수 있었다. 모든 감정이 사라진 자리에서, 가장 근본적인 것만이 남았다.

화려함이 아니라 깊이, 웃음이 아니라 울림, 많은 사람이 아니라 한 사람. 그것이 내가 추구하는 가치라는 것. 우울이라는 심해 바닥에 닿았을 때, 나는 비로소 내가 서 있어야 할 땅을 발견했다.

고독을 생산적인 시간으로 만들기 위해서는 일종의 건강한 루틴이 있을 때 그 효과가 커지는 것 같다.

나의 경우, 대학 시절 집에서 학교까지 등하교하는 길을 벗 삼아 일부러 혼자 다니며 책을 읽을 때가 많았다. 학교에서 수업을 마치면 거의 도서관으로 향하곤 했다.

지루할 만큼 반복된 동선이었지만, 그 시간 속에서 홀로 있음의 꽃은 분명 피어났다. 그래서 저녁 10시경 학교를 나서서, 도서관 건너

편 학생회관의 불빛을 보며 하교하던 고요를 사랑한다.

지금도 아침 일찍 일어나거나 남이 잠드는 조용한 시간을 적극적으로 활용한다. 내가 집중하고 싶고, 잘하고 싶고, 정성을 들여야 하는 일은 이 시간대에 배치한다.

또 친구를 만나러 가거나 모임에 나가기 전에 놓친 것은 없는지 확인한다. 굳이 선택할 수 있다면 이 상황에서 나 자신에게 선물해줄 수 있는 것은 무엇이었는지, 그것을 포기하고서라도 나갈 의향이 있는지를 스스로에게 묻는다.

이것은 이기적인 질문이 아니다. 오히려 정직한 질문이다.

나를 돌보지 않은 채 타인과의 관계에 쏟는 에너지는, 결국 진정성을 잃는다. 억지로 웃고, 억지로 맞추고, 억지로 관심을 보이는 시간. 그런 시간이 쌓이면 관계는 피곤해지고, 나는 소진된다.

차라리 내가 온전할 때, 진짜 마음으로 만나는 것이 서로에게 훨씬 나은 선물이다.

혼자 있을 때, 나는 나에게 묻는다.

"지금, 이 순간 내가 정말 하고 싶은 건 무엇인가?"

"오늘 사람들과 나눈 대화 중 진심으로 한 말은 몇 개나 될까?"

"나는 어떤 사람으로 기억되고 싶을까?"

이런 질문들은 소란 속에서는 제대로 던질 수 없다. 혼자 있을 때, 고요 속에서만 이 질문들은 진짜 대답을 요구한다.

그리고 그 대답을 듣다 보면, 내가 지금까지 얼마나 많은 가면을 쓰고 살아왔는지 깨닫게 된다. 직장에서의 나, 친구들 앞에서의 나, 가족 앞에서의 나. 그 모든 나 사이에서, 진짜 나는 어디 있는가?

헨리 데이비드 소로(Henry David Thoreau)[미국의 철학자, 시인, 수필가]는 "군중 속의 고독보다 더 비참한 것은 없다"라고 했다. 많은 사람에 둘러싸여 있으면서도 나를 잃어버린 상태, 그것이야말로 진짜 외로움이다. 반대로 혼자 있지만 나를 온전히 느끼는 상태, 그것은 외로움이 아니라 충만함이다.

상담하다 보면, 많은 이들이 "나를 모르겠어요"라고 말한다. 자기가 뭘 좋아하는지, 뭘 원하는지, 어떤 사람인지 모르겠다고.

그럴 때 나는 묻는다. "혼자 있는 시간이 하루에 얼마나 되나요?" 대부분은 대답하지 못한다. 출퇴근길에도 이어폰을 끼고, 집에 와서도 TV를 켜거나 유튜브를 보고, 잠들기 전까지 SNS를 본다.

물리적으로는 혼자지만, 정신은 여전히 세상과 연결되어 있다.

진짜 혼자 있음은 모든 자극으로부터의 분리를 뜻한다. 그 고요 속에서 우리는 비로소 자신의 리듬을 발견한다.

나는 아침형 인간인지 저녁형 인간인지, 빠른 템포를 좋아하는지 느린 템포를 좋아하는지, 사람들과의 만남 후 충전되는지 소진되는지. 이런 것들은 혼자 있을 때만 정확히 알 수 있다.

나의 경우, 사람을 만나고 나면 반드시 회복 시간이 필요하다는 것을 알게 되었다. 하루 세 시간 이상의 만남은 나를 지치게 한다. 이것은 약점이 아니라 특성이다.

이것을 알고 나서, 나는 스케줄을 다르게 짜기 시작했다. 중요한 인터뷰 전날에는 일부러 약속을 잡지 않으려고 한다. 그리고 큰 행사 후 하루이틀은 꼭 쉬어간다. 내 리듬을 존중하자 일의 질이 올라갔다. 역설적으로 혼자 있는 시간이 늘어나자 사람들과의 관계가 더 좋아졌다.

혼자 있을 때 보이는 진짜 나. 그 나를 받아들이는 것이 성장의 시작이다. 내가 생각했던 나와 진짜 나 사이에는 늘 간극이 있다.

나는 외향적이라고 생각했는데 알고 보니 내향적이었다거나, 강하다고 생각했는데 사실은 여렸다거나, 독립적이라고 생각했는데 사실은 인정 욕구가 강했다거나. 이런 발견들이 처음에는 당혹스럽다. 하지만 이것을 인정하고 나면, 비로소 나는 나로 살 수 있다.

무라카미 하루키(Murakami Haruki, 村上春樹)는 말했다.
"당신이 혼자 있을 때 느끼는 것, 그것이 진짜 당신이다."
그렇다면 나는 지금 진짜 나로 살고 있는가. 혼자 있을 때의 내가 사람들과 있을 때의 나와 너무 다르다면, 나는 지금 진짜 나를 억압하며 살고 있는 것이다.
혼자 있는 시간은 사치가 아니라 필수다. 그 시간 속에서 우리는 나를 발견하고, 나를 이해하고, 나를 사랑하는 법을 배운다. 그리고 그렇게 나를 아는 사람만이 타인도 진정으로 이해할 수 있다.
혼자 있을 때 진짜 내가 보인다. 그 나를 외면하지 말고, 환영하자. 거기서부터 진짜 삶이, 진짜 내가 시작된다.

1 ··· 혼자 있을 때 떠오르는 생각과 사람들 속에서 떠오르는 생각은 어떻게 다른가?

2 ··· 최근에 내가 외면했던 '진짜 나의 욕구'는 무엇이었나?

3 ··· 타인의 기대와 시선이 사라진다면, 나는 어떤 선택을 하고 싶을까?

4 ··· 내가 '진짜 나'와 가장 가까워지는 시간대와 공간은 언제, 어디인가?

고독은 나를 단단하게 만든다

"모든 인간의 불행은 단 한 가지, 방에 조용히 혼자 머물 줄 모르는 데서 비롯된다."

블레즈 파스칼(Blaise Pascal)의 이 말은 17세기에 나왔지만, 21세기를 사는 우리에게 더 절실하게 다가온다.

우리는 혼자 있는 시간을 견디지 못한다. 30초의 침묵도, 5분의 대기 시간도 불안해서 무언가로 채우려 든다. 하지만 그 불안을 피하는 대신 통과할 때, 비로소 단단해진다.

고독은 쓸쓸한 맛이 나는 홀로 있음이다. 단순히 혼자 있는 상태를 넘어, 그 속에서 무언가를 만들어내는 시간. 외로움과 닮았지만, 그보다 훨씬 깊은 층위에 있다.

외로움이 결핍의 감정이라면, 고독은 그 결핍을 견디며 자신만의 질감으로 채워가는 과정이다. 그래서 고독에는 언제나 '작업'이 동반

된다.

사유하거나, 견디거나, 자신을 다시 정리하는 일들. 홀로 있을 때 느껴지는 감각에 전신이 잠기고, 그 안에서만 들을 수 있는 내면의 언어가 생겨난다.

그렇다면 고독은 어떻게 우리를 단단하게 만드는가.

첫 번째는 집중력의 회복이다. 타인의 시선과 평가, 관계의 역학에서 벗어나면 비로소 한 가지에 온전히 몰입할 수 있다. 소음이 사라진 자리에서 우리의 주의는 산만함에서 깊이로 이동한다. 위대한 예술가들, 작가들, 과학자들이 고독 속에서 걸작을 만들어낸 이유가 여기에 있다.

베토벤(Ludwig van Beethoven)은 청력을 잃은 후 더 깊은 고독 속에서 〈환희의 송가〉를 작곡했고, 헨리 데이비드 소로(Henry David Thoreau)는 월든 호숫가의 오두막에서 홀로 지내며 자연과 인간에 대한 통찰을 완성했다.

두 번째는 자기 인식의 확장이다. 타인과 함께 있을 때 우리는 늘 역할을 수행한다. 누군가의 친구, 동료, 가족 구성원으로서의 나. 하지만 고독 속에서는 그 모든 가면을 벗는다. 포장되지 않은 날것의 감정, 억눌렀던 욕망, 회피했던 두려움이 수면 위로 떠오른다.

처음에는 불편하다. 하지만 이 불편함을 견디며 우리는 진짜 자신과 대면하게 된다. 내가 진짜 원하는 것은 무엇인지, 무엇이 나를 아프게 하는지, 어떤 가치를 위해 살고 싶은지. 이런 질문들은 오직 고독 속에서만 제대로 던질 수 있다.

세 번째는 회복탄력성의 강화다. 고독은 우리에게 혼자서도 괜찮다는 것을 가르친다. 누군가의 위로나 격려가 없어도 자신을 추스를 수 있다는 자신감. 이것이 쌓이면 우리는 외부의 충격에 덜 흔들리게 된다. 타인의 평가에 일희일비하지 않고, 관계의 변화에 무너지지 않는다.

고독을 통과한 사람은 안다. 최악의 순간에도 나에게는 '나'라는 든든한 동반자가 있다는 것을.

나에게도 그런 시간이 있었다. 대학교 시절, 도서관이 아직 리모델링되기 전이었다. 나무 칸막이로 된 좌석, 종이 냄새가 나는 신문, 차가운 공기 속에서 들리던 히터의 소음.

계절학기가 끝나가던 겨울, 나는 거의 매일 혼자 도서관에 갔다. 고골(Nikolai Vasilevich Gogol), [우크라이나 출생으로 러시아에서 활동한 작가 겸 극작가] 체호프, 푸시킨, 도스토옙스키….

러시아 문학 속 인물들의 고뇌와 유머, 냉소와 인간애를 따라 읽다

보면 하루가 순식간에 지나갔다.

집으로 돌아오는 길은 유난히 외로웠지만, 그 외로움이 이상하게도 나를 지켜주는 듯했다. 세상과의 거리감이 오히려 나를 안전하게 감싸주었다.

그 시절의 고독은 내 안에서 문학의 언어로 번역되었고, 자연스레 훗날 내가 사람을 인터뷰하고 예술을 다루는 일을 할 때 밑거름이 되었다. 지금 돌이켜보면 그때의 시간은 나를 단단하게 만들어준 첫 번째 훈련이었다.

"고독한 나무가 있다면 그것은 강하게 자란다"라고 한 윈스턴 처칠(Winston Churchill)의 말처럼 나는 그 겨울, 홀로 서서 뿌리를 내리고 있었다.

나는 고독에 쉽게 노출되는 사람이다. 사람들과 함께 있으면 금세 에너지가 소진된다. 아나운서이자 상담사로서, 나는 늘 타인의 이야기를 듣는 일을 한다. 누군가의 고통이나 기쁨을 온몸으로 받아들이는 일은 생각보다 많은 에너지가 필요하다.

그 때문에 나는 자연스럽게 사람을 덜 만나게 되었고, 혼자 있는 시간이 나를 유지하는 유일한 방법이 되었다.

어릴 적부터 유약한 체질이라 병치레가 잦았고, 몸을 지키려면 혼자 있는 게 가장 안전했다. 사람을 좋아하면서도 한 발 떨어져 바라보는 것, 그것이 내 일의 퀄리티를 높여준다는 사실을 인정하게 된 것도 그 무렵이었다.

하루 세 시간 이상의 만남을 이어가면 목이 쉬고 몸이 무너졌다. 이 한계를 알게 된 뒤로, 나는 나의 리듬을 지키는 법을 배웠다.

물론 이 과정이 늘 평화로웠던 건 아니다. 사람들과의 거리가 필요하다는 사실을 설명해야 했고, 때로는 그 이유를 이해받지 못했다. '차갑다' '예민하다'라는 말을 듣는 일도 있었다.

하지만 이제는 안다. 고독은 나를 단절시키는 것이 아니라, 나를 회복시키는 일이라는 것을. 오해를 피하려 애쓰기보다 나를 지키는 방식을 선택하는 쪽이 훨씬 나답다.

돌이켜보면, 고독의 시간은 내 전문성을 확장시킨 힘이었다. 혼자 있을수록 집중이 깊어졌고, 사유의 결이 단단해졌다. 사람들과 마주할 때도 예전보다 훨씬 안정된 마음으로 대화할 수 있었다.

누군가의 이야기를 듣고, 그 안의 본질을 포착해내는 일, 그건 오직 고독이 길러준 힘이었다.

내면의 침묵 속에서 다듬어진 문장은 더 진실하게 닿았고, 타인의 반응에서 얻는 기쁨은 그 어떤 외적 인정보다 오래갔다. 그렇게 고독은 내 삶의 또 다른 선순환을 만들어주었다.

고독은 외로움을 통과한 사람만이 누릴 수 있는 고요한 힘이다. 세상과 거리를 두되, 자신과는 더 깊이 연결되는 상태. 그것이 진짜 단단함의 모양이다. 우리는 그 시간을 통해 자신이 어디까지 무너져도 다시 일어설 수 있는 사람인지를 배운다.

고독이 나를 단단하게 만든다는 말은 결국, 그 시간 동안 내가 자신을 단련하고 있었다는 뜻일 것이다. 혼자 있는 시간이 쌓여 나를 만든다. 그 고요한 층위 위에서 나는 비로소 나로 서 있다.

고독이 주는 선물은 결국, 세상과의 새로운 연결이다. 혼자 있는 시간 속에서 우리는 자신을 정직하게 마주하는 법을 배우고, 그 진실함으로 타인에게 다가가게 된다.

깊은 고독을 통과한 사람은 관계 속에서도 중심을 잃지 않는다. 타인의 감정에 휩쓸리지 않고, 자신을 잃지 않은 채 곁에 머무는 법을 안다. 그래서 고독은 단절의 언어가 아니라, 더 단단한 연결의 언어다.

홀로 있는 시간에 단단해진 마음은 다시 세상으로 향한다. 그리고 그 마음은 이전보다 한결 고요하고, 다정한 방식으로 세상과 조우한다.

고독은 나를 단단하게 만들었고, 그 단단함이 결국 나를 더 부드럽게 만들었다.

"혼자 있을 때 느끼는 것, 그것이 진짜 당신이다"라는 무라카미 하루키의 말처럼, 이제는 고독 속에서 마주한 그 진짜 나를 두려워하지 않는다. 오히려 그 나를 믿고, 그 나로부터 시작한다. 고독이 만든 단단함 위에서, 나는 세상과 다시 손을 맞잡는다.

1 ··· 지금 내가 느끼는 고독은 '결핍'인가, '단단함을 만드는 과정'인가?

2 ··· 혼자 있는 시간이 줄어들면, 나의 리듬 중 가장 먼저 무너지는 부분은 무엇인가?

3 ··· 타인의 기준이 모두 사라진다면, 나는 어떤 방식으로 일하고 어떤 삶을 선택할까?

4 ··· 지금의 나를 단단하게 만든 '고독의 순간'은 언제였나?

7

대화가 치유가 되는 순간

내면의 속도_달리지 않아도 도착하는 법

무기력한 게 무능력으로 오인되는 사회를 살아가는 현대인. 멈춰 있는 나를 견디지 못하는 사람이 얼마나 많은가. 멈추었을 때 되레 무력함을 느끼고, 다시 뛰어야 한다는 강박에 시달리면서도 다른 방도를 찾지 못한 채 계속 달리는 시대다.

사람들은 빠르게 움직일수록 살아 있다고 느낀다. 정지해 있는 시간은 마치 낭비처럼 보이고, 뒤처진 듯한 불안을 부른다. 하지만 속도를 낸다고 해서 언제나 앞으로 나아가는 건 아니다.

어떤 이의 속도는 도망이고, 어떤 이의 속도는 견디기 위한 방어다. 우리는 종종 '달림'을 성취로 착각한 채, 내면의 피로를 모른 척하며 질주한다.

고백하건대 나 역시 멈추지 못하는 현대인 중 한 명이었다.

내면을 들여다보면, 나에겐 이루지 못한 꿈에 닿지 않으려는 마음이 깊숙이 숨어 있었다. 인정하고 싶지 않았고, '그 정도였나' 싶을 만큼 상상이 안 가던 꿈의 좌절은 내게 큰 거절감과 깊은 상실을 남겼다.

그 감정은 분노보다는 슬픔이었다. 평상시 어떤 감정보다도 슬픔이 늘 머물러 있던 나는 상실감을 슬픔으로 적셔 소화하려 했다. 그래서 일에 몰입했다. 속도는 슬픔을 지우는 가장 손쉬운 방식이다. 빨리 움직이면 감정이 따라오지 못하기 때문이다. 하지만 감정은 절대 버려지지 않는다.

너무 빨리 달리면, 마음은 따라오지 못한 채 제자리에 남는다. 멈추는 순간 느끼는 공허함은, 그동안 놓치고 지나온 감정이 뒤늦게 따라잡으며 내는 신호음에 가깝다. 일에 빠져 있으면 그 슬픔을 잠시 잊을 수 있었고, 도망치고 있다는 착각에 기대어 버틸 수 있었다.

"잃은 만큼 달려야 한다"라는 절박함이 내 안에서 발동되었다. 감정은 온전히 다뤄지지 않으면, 끝내 자신을 드러내고야 만다.

깨진 항아리처럼 방치된 마음은 결국 '나를 알아달라'라며 신호를 보낸다. 건강이 흔들리고, 관계가 틀어지고, 공허감이 밀려오고, 감정이 쉽게 추슬러지지 않는 순간이 반복된다. 때로는 그 무의식의 그림자가 결정적인 사건을 통해 우리에게 '멈춤'을 강요하기도 한다.

슬픔이 다스려지지 않던 20대 중반, 대형 교통사고를 겪으며 모든 걸 멈출 수밖에 없었던 그 시절, 지금 돌이켜보면 그때가 '위장된 축복'이었다.

사고 후유증으로 인지 기능이 조금 떨어진 것 같아도, 그 대신 얻은 선물은 '나를 돌아볼 수 있는 여유'였다. 그 시간은 다른 어떤 상실보다도 값진 보상이었다. 멈춰 서 있을 수밖에 없던 그때, 심리 상담을 만났다. 나는 처음으로 내 마음을 정면으로 바라보게 되었다.

마음에는 저마다의 속도가 있다. 어떤 사람의 회복은 천천히, 어떤 사람의 변화는 느릿하게 진행된다. 그런데 우리는 자꾸 타인의 속도를 기준으로 자신의 회복을 재단한다. '나는 왜 아직도 이럴까'라는 조급함이 바로 그 비교의 부산물이다.

하지만 내면의 회복은 언제나 자신만의 리듬으로 진행된다. 멈춤은 그 리듬을 되찾는 출발점이다. 내가 무엇 때문에 지쳤는지, 내 슬픔의 내용이 무엇이고 얼마나 깊은지를 처음으로 탐색했다. 마음에도 에너지와 리듬이 있다는 사실을 알게 되었고, 결국 그 마음을 다스릴 권한이 내 안에 있었다는 것을 깨달았다.

그제야 알았다. 나는 내 마음의 열쇠를 스스로 쥘 수 있었음에도, 오랫동안 그 열쇠를 타인의 손에 맡겨 두고 있었다는 사실을. 그걸 되찾기까지 시간이 걸렸지만, 지금 생각하면 놓쳤던 시간이 오히려 나를 단단하게 빚은 셈이었다.

그동안 내 마음을 돌볼 줄 알고 쉬어갈 줄만 알았더라면 지금에 이르지는 않았을 거라는 후회가 스치기도 했지만, 내 인생의 열쇠를 쥐고 주인으로 살아가는 일은 이제 꽤 즐거운 여정이 되었다.

통제와 능력만을 강조하는 사회 속에서, 나는 가끔 이지러진 전능함을 스스로 채워 넣을 줄 아는 사람이 되었다. 내 안이 충만할 때 남을 채워줄 수도 있었다.

그렇게 마음이 채워지는 순간, 타인의 눈에는 그것이 '따뜻함'으로 비쳤다. 내 마음속 주인 됨의 심상이 빚은 경험과 쌓인 행동이, 누군가의 기억 속에 '유세진 아나운서는, 유세진 상담사는 따뜻한 사람이다'라는 인상을 남기게 했다.

세상은 언제나 '더 빠르게, 더 효율적으로'를 외치지만 마음은 그 속도를 감당하지 못할 때가 많다. 진짜 용기는 달리기를 멈추는 게 아니라, 내 속도를 인식하고 조절할 줄 아는 일이다.

남들과의 속도 경쟁에서 잠시 벗어나 자신만의 리듬을 회복할 때, 우리는 비로소 삶을 온전히 살아낼 수 있다.

이처럼 멈춤은 나를 돌아보게 하고, 내 삶의 주인이 되게 하는 값진 타이밍이자 고결한 회복의 공간이다.

속도의 시대에서 보더라도, 자기 자신을 빚을 수 있는 멈춤의 시간은 속도를 능가하는 고유성을 만들어낸다. 자신을 돌아보는 일은 자기 개성을 다듬고 발달시켜 보다 선명한 방향성을 세우게 한다.

그래서 멈춘다는 건 패배가 아니다. 그것은 스스로를 다시 일으켜 세우는 가장 조용한 용기다.

1 ⋯ 지금 내가 달리는 이유는 진짜 '전진'인가, 아니면 '도망'인가?

2 ⋯ 지금 내 마음이 원하는 속도는 빠름인가, 느림인가, 혹은 잠시 정지인가?

3 ⋯ 내 삶에서 '위장된 축복'처럼 보였던 멈춤의 순간은 무엇이었나?

4 ⋯ 속도를 늦추었을 때 비로소 보였던 나의 진짜 욕구는 무엇인가?

피로사회에서 무너지는 마음

경계가 무너진 시대다. SNS가 등장하면서 9시부터 6시까지라는 시간의 관념이 허물어졌다. 공간 개념 역시 무너졌다. 스마트폰의 세계로 접속하면서 개인 공간이 사회적 공간으로 탈바꿈하고 쉼을 온전히 누리는 것마저 어려워졌다.

일과 삶, 온라인과 오프라인의 경계는 이미 무너졌다. 회의는 끝났지만 메신저 알림은 멈추지 않고, 주말에도 '답장 하나쯤은 괜찮겠지'라며 일터의 공기를 집으로 들인다. 집이 더 이상 쉼의 공간이 아니라 '대기 공간'이 된 셈이다.

사람들은 침대 위에서도 노트북을 열고, 지하철에서도 이메일을 확인한다. 휴식의 순간조차 '업데이트되지 않으면 뒤처질 것 같은' 불안이 마음을 떠나지 않는다.

《피로사회》(2010)의 저자 한병철은, 성과사회가 된 현대를 더 이상 타인이 강요하지 않아도 스스로가 자신을 몰아붙이는 시대라고 했다.

외부의 조직이나 권력이 개인을 다스리던 시대를 지나 이제는 자기 자신이 '나는 할 수 있어'라고 자발적으로 자신을 착취하게 된 것이다. 개인이 능동적으로 자기를 몰아붙이다니, 아이러니하지 않은가.

그 결과, 사람들은 외부의 명령이 사라진 자리에서 스스로를 감독하고 평가한다. 자유로워졌지만 더 피곤해진 이유다.

마음의 경계 역시 느슨해졌다. 물리적으로 쉼이 사라지고 스스로가 피로를 자초하면서 자기 착취에 쓰이는 마음의 에너지 역시 상당하다.

스스로가 내면화한 '나는 할 수 있어'라는 메시지 안에는 '나는 잘해야 해, 잘하고 싶어'라며 높은 기준을 내세우고 노력의 장소로 자신을 몰아세우는 무의식이 담겨 있다.

긍정은 더 이상 희망의 언어가 아니다. "하면 된다" "할 수 있다"라는 문장은 언뜻 자유로워 보이지만, 실제로는 새로운 형태의 강제가 된다. 사람들은 이제 타인의 채찍이 아닌 자신의 칭찬과 비교로 자신을 몰아붙인다.

"조금만 더 하면"이라는 자기 주문 속에서 지쳐가며, 스스로 만든 이상적인 자아에 끊임없이 미달한 채 살아간다. 이렇게 '긍정의 과 잉'은 자기를 착취하게 만드는 가장 세련된 명령으로 작동한다.

현대 사회와 개인의 관계를 부모와 자녀의 관계로 비유하자면, 부모의 메시지를 뿌리 깊게 받아들인 자녀가 이젠 "그것은 부모님의 뜻이 아니라 내 뜻이다"라고 강하게 말하는 것이나 마찬가지다.

상담실에서 때로 이런 내담자를 만나면, 그의 뜻이었을지 모르는 강한 의지가 사실은 부모님으로부터 수혈된 것임을 알아차리게 하는 작업이 퍽 어렵거나 오랜 시간이 들 때가 있다.

사람들은 피로를 느끼면서도 멈추지 못한다. 오히려 피곤할수록 더 열심히 움직인다. 몸이 지쳤다는 신호를 무시한 채, 마음이 먼저 지쳐가는지도 모른다.

잠시 쉬면 불안해지고, 속도가 느려지면 죄책감이 밀려온다. 그래서 다시 달린다. 피로를 이겨내려는 노력 속에서 오히려 더 깊은 피로가 만들어진다.

성과 사회 속에서 사람들은 더 이상 누군가에게 강요받지 않는다. 대신, 자신을 채찍질하며 스스로에게 상처 입히는 방식으로 살아간다. 휴식 중에도 죄책감을 느끼고, 일하지 않으면 무가치하게 느낀다.

이 구조가 무서운 이유는 타인의 통제가 아닌 '자기 동일시' 속에서 이루어지기 때문이다. 결국 사람들은 스스로 만든 기대에 지배당하며 무너진다.

그렇게 마음이 지쳐가면 어느 순간부터 아무 일도 하기 싫어진다. 아무것도 하지 않아도 피곤하고, 누워 있어도 마음이 분주하다. 성취해도 만족이 없고, 쉬어도 쉰 것 같지 않다. 이것이 피로사회의 병리다.

겉으론 활발하지만, 속은 텅 비어 있다. 사람들은 더 이상 타인의 폭력에 쓰러지지 않는다. 대신 자기 자신이 만든 속도에 짓눌려 쓰러진다.

그런데도 상담실에서 '계속 나아가야 하는 데 힘이 나질 않아 문제다'라고 걱정하는 내담자를 참 많이 목격했다. 솔직히 말하면 나 역시 긍정적으로 자신을 몰아붙이며 '왜 멈춰 있는 거지?' 불안해한 적이 많다.

진짜 회복은 더 많은 의지나 노력에서 오지 않는다. 오히려 그 반대편, '하지 않음'과 '멈춤'의 태도 속에서 시작된다. 아무것도 하지 않아도 괜찮다는 감각이 내면에 자리할 때, 비로소 마음은 회복의 방향을 찾는다.

우리는 더 이상 '할 수 있는 인간'이 아니라, '존재하는 인간'으로 돌아가야 한다.

멈춤은 단순한 휴식이 아니다. 마음이 다시 숨을 고르는 시간이다. 피로의 밑바닥에 닿아야만 보이는 풍경이 있다. 조용한 오후의 빛, 느리게 끓는 물의 소리, 아무 일도 일어나지 않는 시간의 온기. 그 고요 속에서야 우리는 비로소 '살아 있음'을 느낀다.

우리가 회복해야 할 것은 의지가 아니라, 스스로를 지탱할 여백이다.

1 ··· 나는 지금 '자신을 몰아붙이는 속도'로 살고 있는가, '자신이 원하는 속도'로 살고 있는가?

2 ··· 휴식 중에도 죄책감을 느끼는 이유는 어디서 오는가?

3 ··· 나는 아무것도 하지 않는 시간을 얼마나 허용하고 있는가?

4 ··· 지금 내 마음이 가장 필요로 하는 여백은 어떤 형태인가?

집중의 역설_
아무것도 아닌 일에 쏟아지는 에너지

우리는 여백 가운데 어디에 서 있어야 하는가? 이 질문에 쉽게 답하기란 쉬운 일이 아니다. 여백이 무엇인지에 대한 감각으로부터 둔해진 지 오래인 데다, 어느 곳에 있으며 어떻게 여백 속에 머물지는 더 어렵다.

잠시라도 멈추면 '잘못되고 있다'라는 불안이 몰려오고, 쉬는 시간은 곧 낭비라고 여기는 시대를 살고 있기 때문이다.

마음이 한자리에 가만히 머물러 있는 법을 잊은 채, 우리는 늘 무언가를 하고 있어야 한다는 강박 속에서 살아간다.

산만한 세상에서 고요 속에서 피어나는 자기의 꽃을 지키기란 퍽 어려워 보인다. 온갖 자극의 홍수에 휩싸인 채 '아무것도 아닌 일'에 에너지를 쏟고 집중력은 자연스레 흩어진다.

휴대전화 화면을 켠 이유도 잊은 채 앱 사이를 헤매고, 한참을 쳐

다보던 영상이 무슨 내용이었는지 기억나지 않는 순간들. 마음의 심지는 쉽게 헤지고, 흐트러져 뒤늦게 찾아오는 것은 허탈함과 후회뿐이다.

무엇을 어디서부터 시작해야 할지 모르는 막막함이 찾아오면 지금까지 무엇을 위해 살았는지, 한탄스럽고 그간의 노력이 헛된 것으로 보이기도 한다. 극단적일 때에는 삶이 의미 없었다고, 자신을 향해 저주를 내던지기도 한다.

상담실에서도 이런 모습을 자주 보게 된다. 하루 종일 바쁘게 움직였지만 정작 아무것도 해내지 못했다는 허무함을 토로하는 내담자들.

업무·SNS·메신저·유튜브·뉴스·일정 관리…. 온종일 무언가에 집중하느라 에너지를 썼지만, 그 모든 집중이 파편처럼 흩어져 있을 뿐 하나의 의미로 이어지지 않는다.

집중한 것 같은데 아무것도 남지 않는 느낌. 이 감정이 바로 주의력 파편화가 남기는 공허다.

사실 내 안의 고요와 여백이 주는 평안은 돈이 들지 않는 값비싼 자연으로부터 주어진다. 주의의 회복은 새로운 기술이나 대단한 계발, 발전에서 오지 않고 단절의 기술에서 온다.

하루 10분 동안 아무것도 하지 않는 멍때리는 시간, 자연을 거니는 순간, 손으로 사각사각 글을 적어 내리는 맛, 깊은 들숨과 그보다 더 긴 날숨, 디지털 금식의 선언…. 이런 시간은 아무것도 만들어내지 않는 것처럼 보이지만, 마음의 질서를 회복하는 가장 확실한 방식이다.

주의라는 것은 본래 '한 곳에 서 있는 힘'이지만, 현대인의 주의는 방향을 잃은 채 계속해서 다른 곳으로 끌려간다.

뇌과학에서 말하는 인지적 부하(cognitive load)[정보를 이해하고 처리하는 과정에서 작업기억에 요구되는 정신적 부담의 정도를 말한다.] 개념이다. 처리해야 할 정보가 많아질수록 뇌는 사소한 일에까지 에너지를 쏟아야 하고, 결국 중요한 일을 할 에너지가 남지 않는다. 그래서 우리는 점점 더 많은 일을 하면서도, 더 아무것도 할 수 없는 상태로 내몰린다.

집중보다는 리듬의 회복이 절실한 때이다. 집중의 획득은 비움의 결과로 이뤄진다.

온갖 자극을 밀어내야 비로소 마음이 한곳에 머문다. 뇌과학에서도 이 사실을 설명한다. 휴대전화 알림처럼 주의를 계속 바꿔야 하는 환경은 전전두엽의 에너지를 빠르게 소모해 주의력 피로를 일으킨다.

주의의 전환은 생각보다 많은 뇌의 에너지를 사용한다. 알림음 하나가 울릴 때마다 뇌는 다시 집중 상태로 돌아가기 위해 '재부팅'과도 같은 과정을 거쳐야 한다.

끊임없이 알림에 반응하는 하루는, 뇌에는 50번의 작업을 동시에 수행한 날과 같다.

반대로 아무것도 하지 않는 듯한 멍한 시간에는 '디폴트 모드 네트워크(DMN)'[외부 과제나 자극에 집중하지 않을 때 뇌에서 기본적으로 활성화되는 신경 네트워크로 자기 성찰·내적 사고·기억 회상·미래 상상과 같은 내부 지향적 정신 활동을 담당하는 뇌 연결망]가 활성화되어 뇌가 스스로 정리되고 회복된다.

DMN은 흔히 '멍때림의 뇌'라고 불리지만, 실제로는 기억의 정리, 감정의 통합, 창의적 연결을 담당한다. 성취를 위해 들이는 몰입의 에너지는 뇌를 소모시키지만, 멍때림은 오히려 창의적 회복을 돕는다. 몰입의 뇌와 멍때림의 뇌는 서로 번갈아 작동하며 우리의 정신을 유지하는 두 기둥이라고 할 수 있다.

나 역시 이 사실을 깊이 체감한 적이 있다. 도무지 글이 써지지 않아 자리에서 일어나, 5분 남짓 창밖의 나무를 멍하니 바라본 순간이었다.

아무 생각도 들지 않는 그 짧은 시간 끝에 막혀 있던 문장이 다시 흐르기 시작했다. 집중하려고 안간힘을 쓰는 것이 중요한 것이 아니라, 집중이 스스로 피어날 수 있는 여백을 마련해주는 일이 더 본질적이라는 것을 그때 알았다.

돌이켜보면 나는 쉼 없이 달리는 사람이었다. 운동을 하루도 빠지지 않고 1~3시간씩 했고, 이틀만 쉬어도 몸이 근질거려 견딜 수 없었다.

커피 한 잔은 매일의 의식처럼 마셔야 했다. 몸을 움직이고 자극을 느끼는 순간에야 비로소 '살아 있다'라는 감각을 확인할 수 있었기 때문이다.

그러던 어느 시기, 몸이 더 이상 그 속도를 감당하지 못하더니 열이 한번 오르면 한 달 가까이 내려가지 않는 일이 반복되었다. '이러다 큰 병이 오겠구나' 하는 불길한 예감이 들었다.

그와 동시에 인간관계에서도 설명하기 어려운 상처가 연달아 찾아왔다. 몸과 마음이 무너지는 듯한 계절, 교통사고 이후 모든 것을 멈춰야 했던 그때와 닮아 있었다. 이번에도 어떤 메시지를 전하려는 것인지 묻게 되었다.

대형 병원을 찾아가 검사를 해도 뚜렷한 진단명이 나오지 않아 더 괴로웠다.

한참이 지나서야 알게 되었다. 내 몸은 이미 자율신경계가 심하게 무너져 있었다. 교감신경은 지나치게 항진되어 있었고, 쉼과 회복을 담당하는 부교감신경은 제 기능을 하지 못하고 있었다. 운동조차 몸을 각성 상태로 끌어올리며 쉬지 못하게 하고 있었던 것이다.

하루라도 운동하지 않으면 불안하던 내가 1~2개월 넘게 운동을 멈추고, 오직 신경계의 회복만을 위해 가만히 있어야 하는 시간이 찾아왔다.

처음에는 그 시간이 견딜 수 없을 만큼 괴로웠다. 커피도 끊어야 했고, 몸의 열을 높이는 육식도 잠시 내려놓아야 했다. 나를 살아 있게 만들던 자극들을 끊어내는 일은 오랫동안 나를 지탱해 온 정체성을 내려놓는 것처럼 느껴졌다.

그러나 신기하게도, 몸은 아주 천천히 회복의 리듬을 되찾아갔다. 자율신경계가 안정되자 마음에도 잔잔한 평온이 찾아오기 시작했다. 미세한 감정이 더 선명하게 느껴졌고, 무엇을 먼저 해야 하는지, 무엇을 내려놓아야 하는지 마음속 깊은 곳에서 질서가 잡혀갔다.

마치 이른 오전의 고요 속에서 저절로 정렬되는 컨트롤 센터처럼, 내면이 서서히 제 기능을 회복해 나갔다.

그때 알았다. 몸은 이미 오래전부터 이 순간을 기다리고 있었다는 것을. 몸이 다스려지니 마음도 자연스럽게 고요해졌다. 속도를 줄이자, 비로소 나라는 중심이 자리를 잡기 시작했다.

멈춤과 단절은 게으름이 아니라, 내면의 리듬을 되찾는 가장 적극적인 방식이다. 우리가 잃어버린 것은 능력이 아니라 리듬이다.

삶의 속도를 한 단계만 늦추어도 마음은 다시 명료해진다. 아무것도 아닌 일에 쏟던 에너지가 본연의 자리로 돌아간다. 중요한 것과 중요하지 않은 것을 구별할 힘도 되살아난다.

우리는 결국 '집중하는 법'을 배워야 하는 것이 아니라, '분산된 주의를 회복하는 법'을 배워야 한다.

집중은 기술이 아니라 태도이고, 어떤 존재에 마음을 온전히 내어주는 일이다. 산만한 세상에서 집중은 마음의 존엄을 지키는 일이다. 그 존엄을 지키기 위해 우리는 오늘도 여백을 향해 조용히 걸어 들어가야 한다.

1 ··· 지금 내 주의는 하나의 흐름으로 모여 있는가, 아니면 파편처럼 흩어져 있는가?

2 ··· 나는 몸이 보낸 신호(피로·열·불면·과각성)를 얼마나 무시해왔는가?

3 ··· 지금 내 자율신경계가 원하고 있는 속도는 어떤 모습일까?

4 ··· 오늘 하루, 분산된 주의를 회복하기 위해 내가 만들 수 있는 '여백 한 조각'은 무엇인가?

8

디지털 마음, 연결의 착시 속에서
나를 지키는 법

스크린 너머에선 마음이 왜 지칠까

스크린을 들여다보는 일에는 늘 어떤 '필요의 연쇄'가 따라붙는다. 화면이 보여주는 길을 따라가야만 할 것 같은 기묘한 확신이 생기고, 그 확신은 종종 구매로, 또 다른 클릭으로 이어진다.

SNS에서의 움직임도 크게 다르지 않다. 릴스와 쇼츠를 아무 생각 없이 넘기면서도, 우리는 엄지와 검지를 부지런히 움직인다. 인스타그램에서 '저장'을 눌러두고 다시 볼 거라 마음먹지만, 실제로 재방문하는 일은 거의 없다. 그 순간만큼은 꼭 다시 보고 싶다는 확신을 품을 뿐이다.

화려한 인플루언서의 삶을 들여다볼 때면 외모와 재력, 표현력, 인기 같은 요소가 우리 마음 한쪽을 눌러오지만, 이상하게도 계속해서 바라보게 된다. 그러다 휴대전화 배터리가 다해 충전해야 하는 시점이 오면, 그제야 비로소 화면에서 분리된다.

스크린을 닫고 난 뒤에 남는 것은 설명하기 어려운 명함과 잠자코 몸 안에 가라앉는 작은 허무함이다.

스크린 속 세계는 유난히 빠르다. 아직 첫 장면의 잔상이 마음에 가라앉기도 전에, 다음 장면이 다급하게 밀려온다. 짧은 영상 하나를 보고 웃고 난 뒤에도, 마음에는 아직 그 웃음의 잔열이 남아 있는데, 화면은 이미 다음 장면을 재촉한다.

감정을 다 느끼기도 전에 새 감정이 밀려오는 것이다. 감정은 반짝 피어오르고 곧바로 사라진다. 인간의 감정은 본래 천천히 익고 천천히 식는 속성을 지녔는데, 화면은 그 리듬을 허락하지 않는다. 클릭과 스크롤로 이어지는 감정의 파편들 사이에서 마음은 잠시도 숨 고를 틈이 없다. 그 틈이 사라질수록 감정은 얕아지고, 얕아진 감정은 오히려 더 큰 소모를 낳는다.

하인즈 코헛이 말한 감정이 숨을 고를 수 있는 틈인 '심리적 산소'를 마음이 제대로 들이쉴 여유조차 사라진다. 화면의 속도를 따라잡지 못하는 마음은 결국, 설명하기 어려운 피로로 천천히 젖어 들게 된다.

우리가 하루 동안 접하는 감정의 양도 문제다. 본래 사람은 가까운 관계 몇 명의 표정과 말투만으로도 마음의 에너지를 크게 소모한다.

그런데 SNS는 한순간에 수십 명, 수백 명의 감정과 일상을 우리 앞에 펼친다.

누군가는 기쁨을 올리고, 누군가는 분노를 쏟아내며, 또 다른 누군가는 지친 마음을 토로한다. 짧은 시간 안에 생일을 축하하는 게시물과 누군가의 이별 글, 또 다른 사람의 여행 사진이 같은 화면 안에서 이어질 때, 마음은 각각의 감정을 다르게 받아들일 준비조차 못한 채 스쳐 지나간다.

나는 그 모든 감정을 스쳐 읽을 뿐인데, 몸은 그것을 자극으로 기억해둔다. 덜어내지 못한 감정이 마음 어딘가에 남아 잔향처럼 쌓이고, 그런 날의 저녁은 괜히 무겁고 공기가 눅눅하다. 어느 감정이 내 것인지, 어느 감정이 남의 것인지 흐려지는 순간 마음은 알게 모르게 지쳐버린다.

관계의 방식도 달라졌다. 스크린 속 관계는 가볍고 즉흥적이지만, 묘하게 많은 에너지를 요구한다. 직접 마음을 건넨 것도 아닌데, 누가 내 스토리를 보고 갔는지, 확인하는 일만으로도 한 줌의 정서가 빠져나간다.

친한 친구의 반응보다, 오랜만에 나타난 사람이 스토리를 보고 갔다는 사실이 더 오래 마음에 남을 때도 있다.

마음은 이유 없이 소모되고 관계는 이상하게 무거워진다. 자연스레 스치고 지나가야 하는 관계들까지 '관리'의 범주로 들어오면서, 마음은 계속 '보지 않아도 될 관계의 정보들'에까지 노출된 채 작은 피로들을 축적한다.

반응을 기대하지 않으면서도 반응이 없을 때 불편함을 느끼고, 소통을 부담스러워하면서도 끊어지면 왠지 모를 공백이 생긴다. 이렇게 서로 가볍게 연결된 관계는 오히려 더 많은 에너지를 소모하게 한다.

그래서 스크린을 내려놓는 순간, 마음이 느끼는 감정은 비어 있음이 아니라, 지침에 가깝다. 화면은 감정을 빠르게 던져주고 또 회수해 가지만, 마음은 그 속도를 따라가지 못한 채 뒤처진 감각만 붙잡고 선다. 스크린 속의 감정은 빠르고 많게, 얕고 끊임없이 흘러서 결국 마음이 지칠 수밖에 없다.

우리는 어느 순간 깨닫는다. 화면을 오래 들여다본 날의 피곤함은 단순한 눈의 피로가 아니라, 감정의 잔여물들이 남긴 무게라는 것을. 그 허탈감은 자신을 은밀하게 비난하는 악순환에 빠지게 한다.

'시간 낭비했구나, 괜히 봤어'라고 스스로에 이야기하며 남은 하루까지 쓸모가 없어진 것인 양 바라보게 된다. 그러고서도 또다시 그 지침의 연쇄에 빠져들곤 한다. 이렇게 하루가, 일주일이, 한 달이 무시로 흐른다.

스크린 안의 세계는 풍성해 보이지만, 그 풍성함은 마음에 깊이를 주지 못한다. 오히려 감정을 흘려보내기만 하고, 그 감정이 몸 안에서 천천히 가라앉을 시간을 빼앗는다.

그래서 우리는 스크린을 오래 들여다본 뒤, 어김없이 같은 자리에 도착한다.

아무것도 하지 않은 것 같은데, 이상하게 너무 지쳐 있는 자리.

마음이 지치는 이유는 단순하지 않다. 빠른 속도, 과도한 감정의 양, 얕은 관계, 흐려지는 자아, 집단적 정서의 파도까지.

스크린 너머 세계는 우리의 감정 회로를 쉬지 않고 자극한다. 그리고 우리는 이제야 조금씩 알게 된다. 우리는 이제 스크린이 피로를 만든다는 사실을 알지만, 정작 그 피로가 무엇에서 시작되었는지 정확히 이름 붙이지 못한 채 하루를 흘려보낸다.

화면을 오래 본 날 유난히 피곤한 이유는, 우리의 눈이 아닌 마음이 과로했기 때문이라는 것을.

1 ··· 지금 내 마음에 쌓인 감정의 잔여물은 무엇인가?
(기쁨·질투·허무·분노·불안···)

2 ··· 스크린 속 사람들과의 연결은 나를 살리는가, 아니면 나를 소모시
키는가?

3 ··· 내가 오늘 소비한 스크린 시간 중 '진짜 나에게 필요한 시간'은 얼
마나 될까?

4 ··· 스크린을 내려놓았을 때 나에게 찾아오는 감각은 '쉼'인가, '지침'
인가?

비교의 늪, 알고리즘이 만든 불안

스크린을 오래 들여다본 뒤 마음이 가장 먼저 흔들리는 지점은, 대개 '비교'에서 시작된다.

근사한 결혼식에 매달 꽃과 선물을 받는 내 친구, 3년 만에 대학을 졸업하고 승진 가도를 달리는 후배, 건물 몇 채를 사며 다달이 임대료 수입이 어마어마한 대표, 빼어난 외모로 늘 사랑과 관심을 한 몸에 받는 언니….

비교는 인간에게 너무 오래된 습성이어서, 우리는 그것이 시작되는 순간을 제대로 기억하지 못한다. 어느 날부터 남의 삶을 바라보는 일이 곧 내 삶을 비추는 거울이 되어 있었다.

타인의 속도가 나의 기준이 되고, 타인의 성취가 나의 결핍이 되며, 타인의 일상이 나의 불안을 조용히 흔들어 놓는다.

알고리즘은 이런 마음의 취약함을 놓치지 않는다. 조금이라도 오래 바라본 장면을 곧바로 불안의 연료로 삼고, 더 빠르고 더 자극적인 비교의 장면들을 쉼 없이 배달한다. 그 앞에서 마음은 자기도 모르게 작아지며 묻는다.

'나는 언제부터 남의 삶을 보며 내 삶을 평가하기 시작했을까?'

비교가 깊어질수록 마음은 낯설고 이상한 후유증들을 보이기 시작한다. 성취해도 기쁨이 오래가지 않는다.

좋은 소식을 들었을 때 가슴이 두근거리는 순간, 어딘가에서 다른 사람의 더 큰 성취가 떠오르며 그 설렘을 순식간에 식혀버린다. '나는 지금 뭘 하는 거지'라는 생각과 함께 스스로가 한심해지는 것이다.

내가 어제보다 나아졌다는 사실은 희미해지고, 내가 누군가보다 뒤처졌다는 감각만이 선명해진다. 타인의 성장은 축하가 아니라 조용한 위협처럼 느껴지고, 타인의 일상은 내 일상을 평가하는 잣대가 된다.

무엇보다 무서운 건 '내가 나에게 느끼는 실망감'이다. 비교에 흔들리는 나를 보며 또 스스로를 비난한다.

"왜 나는 이렇게 약할까?"

"왜 나는 이렇게 쉽게 흔들릴까?"

"왜 나만 이렇게 뒤처진 것 같을까?"

이런 자기 비난은 비교보다 더 깊은 상처를 남긴다. 비교로 시작된

작은 균열이 결국 자기 존중감 전체를 흔들어 놓는다. 타인의 삶을 들여다본 것뿐인데, 어느새 내 삶의 토대가 기울어져 있는 것이다.

알고리즘은 이 균열을 넓히는 데 탁월하다. 내가 불안해하는 순간을 정확히 읽어낸다. 결혼 소식에 마음이 흔들리면 더 많은 결혼 영상이 쏟아지고, 커리어에 불안을 느끼면 더 높은 자리에 선 누군가가 등장하며, 외모에 민감해진 날이면 이상적인 몸매나 화려한 이미지만 추천된다.

알고리즘은 결코 '무작위'가 아니다. 내가 멈춘 지점을 기억하고, 그 지점에 더 많은 콘텐츠를 붙인다. 그 결과, 나도 모르게 비교의 감정이 피어오르고, 마음은 자동으로 반응한다.

처음에는 가벼운 질투, 다음에는 불안, 마지막에는 자기혐오로 이어지는 감정의 연쇄. 마음은 그 연쇄를 감당하지 못해 서서히 무너진다.

비교의 후유증 중 가장 흔히 나타나는 것은 자기 회복력의 약화다. 나를 '늘 부족한 사람'으로 만들어버린다. 아무리 노력해도 만족이 없고, 쉬면 죄책감이 밀려오고, 성취해도 허무함이 남는다. 완벽하지 않은 나를 도저히 받아들이지 못하고, 모든 선택이 평가의 대상으로 변한다.

그래서 사람들은 편히 쉬지도 못하고, 싸움처럼 일하지도 못한 채, 애매한 불안 속에서 하루를 보내게 된다.

또 다른 후유증은 자기 기준의 상실이다. 무엇을 원하고 무엇에 가치를 두는지조차 헷갈리기 시작한다. 좋아서 하는 일인지, 남이 하니까 덩달아 하는 일인지 분간이 되지 않는다. 자기만의 리듬은 흐려지고, 삶은 남들이 펼쳐둔 흰 캔버스를 베껴 그리듯 진행된다.

비교는 결국 '나는 누구인가?' 하는 질문까지 희미하게 만든다.

감정의 후유증도 크다. 비교로 인해 생성된 감정들은 사라지지 않는다. 질투, 위축, 불안, 허무, 자기혐오 같은 감정은 마음 한편에 잔향처럼 남는다.

우리는 그 감정을 잊은 줄 알지만, 몸은 그것을 자극으로 기억해둔다. 그래서 스크린을 오래 본 날의 밤은 이유 없이 무겁고, 기운이 빠지고, 공기가 눅눅하게 느껴진다. 비교가 남긴 잔여물이 마음을 은근히 눌러버리기 때문이다.

더 이상 우리는 타인의 폭력에 흔들리지 않는다. 대신, 알고리즘이 만든 비교의 장면 속에서 자신을 향해 조용히 상처를 낸다.

그 과정이 무서운 이유는, 이 폭력이 외부의 강제가 아니라 내 안에서 일어나는 내적 공격이기 때문이다. 우리는 남의 삶을 보면서 동시에 자기 삶을 계속 깎아내리고 있는 셈이다.

결국, 비교의 늪에 오래 머문 마음은 어느 지점에서 같은 결론에 도달한다.

"나는 아무리 해도 안 돼."

하지만 이 절망은 사실 내 능력의 한계가 아니라, 비교가 만들어낸 착시일 뿐이다. 타인의 삶은 필터링된 장면이고, 나의 삶은 편집되지 않은 전체이다.

같은 기준으로 비교할 수 없는 두 가지를 억지로 맞대어 놓을 때 마음은 무너질 수밖에 없다.

비교의 늪에서 빠져나오려면, 타인의 삶을 덜 들여다보는 것이 해결책이 아니다. 오히려 더 본질적인 질문을 해야 한다.

"나는 무엇을 원하는가?"

"무엇이 나를 지치게 했는가?"

"어떤 나로 살고 싶은가?"

이 질문을 제대로 마주하는 순간, 비교의 감정은 방향을 잃는다.

나의 기준이 선명해지면, 알고리즘이 만들어내는 비교의 장면들은 설득력을 잃는다. 비교는 언제나 '흔들리고 있는 마음'을 향해 작동한다. 흔들리지 않는 마음 앞에서 비교는 더 이상 힘을 쓰지 못한다.

자기만의 기준은 때로 아주 작고 사적인 선택에서 시작된다.

나는 어릴 때부터 체력이 약해서 자주 아팠다. 소화되지 않은 마음이 몸에 무게로 실린 탓도 있었겠지만, 예민하고 순환이 좋지 않다 보니 더 자주 아팠다. 그래서 남들이 그렇게 부러웠나 보다.

술을 마셔도, 늦게까지 친구들과 놀아도 멀쩡한 사람들을 보면, 그런 경험을 하지 못했을 때 잃는 비용이 내게는 어마어마하게 크게 느껴졌다.

그렇지만 어느 순간, '나는 이런 사람인데 내가 나를 보호해주지 않으면 누가 보호해 주겠나'라는 생각이 들었다. 그래서 하나씩 나만의 습관을 만들고 그것을 지키는 것을 1순위로 여기기 시작했다.

저녁 약속을 일찍 끝내고 집에 돌아와 쉬는 것, 아침에 일어나 몸을 깨우는 루틴을 먼저 챙기는 것, 사람들에게 '오늘은 컨디션이 안 좋아서 일찍 들어가야 할 것 같아'라고 솔직하게 말하는 것. 처음엔 불편했다. 설명해야 하고, 이해받지 못할 때도 있었다. 하지만 그게 쌓이다 보니 사람들도 내 방식을 존중해주고 '저 사람은 이런 사람이야'라는 도식이 심어진 것 같다.

이 작은 기준은 나를 비교에서 한 발짝 물러나게 했다. 남들처럼 밤새워 놀 수 없는 나를 더 이상 부족하다고 여기지 않게 되었고, 대신 내가 지킬 수 있는 리듬을 존중하게 되었다. 비교는 '남들처럼'을 요구하지만, 나만의 기준은 '나답게'를 허락한다.

나만의 기준은 거창한 선언이 아니다. 그것은 작은 선택의 순간마다 드러나는 것이다. 완벽한 결과보다 진솔한 과정을 택할 때, 남들이 가는 길보다 내 경험이 이끄는 방향을 따를 때, 성공의 속도보다 내 안의 리듬을 존중할 때, 그 순간마다 나는 비교의 세계에서 조금씩 빠져나오고 있다.

알고리즘이 만든 비교의 세상에서 우리가 다시 찾아야 할 것은 타인을 넘어선 나만의 가늠자, 나만의 속도, 나만의 욕망이다.

비교가 아닌 나의 기준으로 살아가는 법. 그것이 결국 디지털 시대의 마음을 지키는 가장 단단한 방식이다.

1 ··· 오늘 내가 스크린에서 마주한 삶 중 진짜 내 삶과 비교할 수 있는 삶은 몇 개였을까?

2 ··· 비교 뒤에 찾아오는 내 감정(질투·불안·위축·허무) 중 지금 가장 강한 감정은 무엇인가?

3 ··· 지금 내게 필요한 작은 기준 하나를 만든다면, 어떤 것이 가장 나답게 나를 지켜줄까?

4 ··· 나는 어떤 순간에 '남들처럼'이 아니라 '나답게'를 선택하고 싶은가?

AI는 계산하고, 마음은 느낀다

AI와 함께 살아가는 시대는 이미 우리 앞에 도착했다. 그래서 우리는 어느 순간부터 자신을 다그치기 시작한다. AI와 다른 무엇, AI가 대신할 수 없는 무엇, 그런 고유한 영역을 찾아내야 한다고.

마치 대체될 수 없는 존재임을 스스로 증명해야만 하는 시험대에 오른 것처럼 마음을 몰아붙인다. 그런데 이렇게 스스로를 코너로 밀어 넣고 있다는 사실이 어쩐지 슬프다.

AI는 빠르게 대답한다. 내가 무엇을 묻기도 전에, 이미 가장 그럴듯한 답을 찾아내어 앞에 놓아둔다. 하지만 답이 이렇게 쉬워진 시대, 이상하게 나는 마음을 더 자주 잃어버린다.

속도는 더 빨라졌고, 선택은 더 정확해졌는데, 정작 감정은 그 속도에 따라잡히지 못한 채 뒤처져 있다.

기계가 대신 계산해 주는 세계에서 마음은 오히려 더 많은 질문을 꺼내 들고 서 있다. 정답이 넘쳐날수록, 나는 역설적으로 '내가 지금 무엇을 느끼는지' 더 자주 되묻게 된다.

답 대신 마음이 남는 시대, 기술의 빛이 짙어질수록 감정의 그늘도 더 짙어진다.

기술은 우리를 더 똑똑하게 만들어 준다고 모두가 말한다. 하지만 나는 기술이 발전할수록 마음이 더 쉽게 흔들린다는 사실을 먼저 떠올린다. 수많은 선택을 대신해주는 편리함 뒤에서 마음은 느린 호흡을 잃어가고 있었다.

계산은 쉬워졌지만, 감정은 더 복잡해졌고, 효율은 높아졌지만 삶은 더 무거워졌다.

기술이 우리의 선택지를 넓혀줄수록 우리는 오히려 감정이 스스로 길을 찾는 능력을 조금씩 상실하고 있었다. 세상은 정답으로 가득한데, 마음은 도리어 더 많은 질문에 갇히는 아이러니가 우리를 따라다닌다.

AI가 삶을 편리하게 만들수록 우리는 정작 '나를 이루던 감각들'을 조금씩 밀어내고 있다. 결정 앞에서 오래 망설이던 나, 아무 근거도 없지만 설명할 수 없는 어떤 찜찜함, 누군가의 말투 속 어딘가 불안하게 흔들리는 기색을 읽어내던 감각. 이런 것들은 기술이 대신해 줄 수 없는 영역이었다.

하지만 AI가 너무 많은 결정을 대신하면서, 우리는 원래 스스로 걸어가며 얻던 감정의 근육, 판단·직관·감지·숙고의 힘을 서서히 잃어가고 있다. 덜 고민해도 되는 시대이지만, 덜 고민한 만큼 삶의 밀도는 얇아진다.

AI가 다루지 못하는 것은 데이터가 아니라 징후다. 인간의 마음은 언제나 정답보다 징후를 더 먼저 감각한다. 미묘하게 흔들리는 목소리, 표현하지 않은 슬픔, 말과 말 사이 남겨진 여백, 설명할 수 없지만, 몸으로 먼저 알아채는 울림.

기술은 이런 감정의 미세한 파동을 감지하지 못한다. 우리에게 중요한 것은 대부분 눈에 보이지 않는 영역에서 이루어진다. 누군가와 진짜 연결되었다고 느끼는 순간, 사실은 그 사람의 '말한 것'이 아니라 '말하지 않은 것'을 감각하는 경우가 많다. 기술은 이 모호함을 불편해하지만, 마음은 바로 이 모호함 속에서 자란다.

AI가 아무리 정교해져도 대체할 수 없는 것은 결국 온기다. 완벽한 문장과 정확한 분석보다 더 큰 힘을 가진 것은 때때로 말문이 막힌 채 함께 머무르는 침묵의 온도다.

설명할 수 없는 마음의 떨림, 오래 바라보는 시선에서 전해지는 정직함, 누군가의 흔들림을 알아보고 그 흔들림에 천천히 다가가는 행위.

AI는 이런 느린 감정의 리듬을 정확히 모방할 수는 있지만, 그 리듬의 주체로 존재할 수는 없다. 인간은 효율이 아니라 '결'로 이어지는 존재이기 때문이다.

우리는 AI와 함께 살아갈 수밖에 없는 시대에 서 있다. 기술을 거부할 수도 없고, 기술 없는 세상으로 되돌아갈 수도 없다. 그렇다면 필요한 것은 기술의 속도와 마음의 속도를 혼동하지 않는 능력이다. 기술은 빠르게 움직일 수 있지만, 마음은 언제나 느린 속도로만 익는다.

기계가 대신 정답을 찾아줄 때일수록 우리는 마음의 질문을 잃지 말아야 한다. 더 많은 정보를 받을수록 더 많은 느낌을 지켜내는 일. 알고리즘의 속도 속에서도 감정만은 나의 속도로 느껴야 한다.

기술의 시대에도 마음은 여전히 느낀다. 그리고 이 느림과 감각을 지켜내는 일이야말로 인간이 기술과 공존하며 잃지 말아야 할 마지막 자리다.

효율이 넘쳐나는 세계에서 감정은 사치가 아니라, 삶을 지탱하는 방식이 된다. AI가 계산을 맡아줄 때, 우리는 비로소 마음의 속도를 지키는 데 더 많은 힘을 쓸 수 있다. 그 속도를 잃지 않는 순간, 기술은 우리가 사는 방식을 바꾸어 놓을 수는 있어도, 존재를 대신 살아 줄 수는 없다.

1 ⋯ 기술의 속도에 맞추느라 내가 놓치고 있는 내 감정의 속도는 어떠한가?

2 ⋯ 요즘 나는 '정답'보다 '징후'를 얼마나 감각하고 있는가?

3 ⋯ 효율 때문에 희미해진 나의 감정 근육(직관·감지·숙고)은 어떤 것인가?

4 ⋯ 오늘 하루, 기술의 속도를 잠시 멈추고 마음의 속도로 느낀 순간은 있었는가?

디지털 디톡스, 현실의 감각을 되찾는 법

스크린을 오래 바라보고 있으면 어느 순간 감각이 흐려진다. 화면의 색은 너무 선명한데 정작 내 안의 세계는 무채색으로 바래고, 손끝과 시선은 분주하게 움직이지만, 마음 한쪽은 계속 비어 있는 느낌이 남는다. 정보를 끝없이 받아들이고 있는데 이상하게도 아무것도 흡수하지 못한 사람처럼 멍해진다.

디지털 세계는 분명 현실보다 더 화려하고 더 빠르고 더 정확해 보이지만, 그 세계 안에서는 '내가 지금 여기 존재한다'라는 감각이 조금씩 사라져간다.

몸은 현실에 붙어 있는데 정신은 화면 속 장면으로 흩어져버린 듯한 기묘한 부유감. 그래서 우리는 어느 순간 이런 질문을 품게 된다.

나는 지금 진짜 어디에 살고 있는가? 스크린 속 세계인가, 아니면 내 몸이 머무는 이 자리인가?

많은 사람이 디지털 디톡스를 단순히 '휴대전화를 멀리하는 시간' 정도로 이해하지만, 사실 그보다 훨씬 깊은 층위가 있다. 디지털 디톡스는 스크린과 거리를 둠으로써 현실의 감각을 되살리는 일, 기술에 잠식되어 희미해진 감각의 근육을 다시 깨우는 일이다.

기술은 인간이 지닌 감정의 리듬보다 훨씬 빠르게 움직이기 때문에 우리는 그것을 따라잡으려고 분주하게 반응하다가 마음의 숨을 잃곤 한다. 마음은 원래 느린 리듬으로 작동하는 존재인데, 이 느린 존재가 빠른 세계와 계속 충돌하다 보면 어느 순간 '느끼는 일' 자체가 버거워진다.

디지털 디톡스는 그 버거움에서 벗어나기 위한 조용한 여백이다. 거대한 흐름에서 나를 잠깐 떼어내는 행위이자, 기술이 아닌 내 삶의 속도를 회복하려는 마음의 몸짓이다.

스크린이 빼앗아 가는 것은 단지 주의 집중력만이 아니다. 스크린은 우리의 감각을 평평하게 만들고, 감정을 얕게 만들며, 존재를 특정한 속도로 움직이도록 조용히 압박한다.

화면 속에서 계절은 순식간에 스쳐 지나가고, 사람의 표정은 필터로 정리되어 선명해지고, 감정의 흔들림은 편집된 15초짜리 영상으로 단정해진다.

하지만 현실의 세계는 다르다. 계절은 천천히 바뀌고, 저녁의 빛은 하루하루 조금씩 달라지고, 사람의 목소리는 그날의 피로와 기분과 마음의 무게에 따라 미묘하게 떨린다. 스크린 속에서 압축된 세계는 우리를 현혹하지만, 현실 속에서만 감각은 살아나고 마음은 자기 리듬을 회복한다.

인간은 본래 시각적 존재이기 전에 감각적 존재이고, 감각이 회복될 때 우리는 비로소 '살고 있다'라는 경험을 되찾는다.

그래서 디지털 디톡스는 연결을 끊는 일이 아니라 감각을 되찾는 일이다. 진짜 디톡스는 '하지 않는 행동'이 아니라 '다시 할 수 있게 되는 행동'에 가깝다.

걸을 때 주변의 냄새를 느끼고, 바람이 닿는 방향을 알아차리고, 누군가와 대화할 때 그 사람의 눈빛과 속도를 함께 감각하는 일들. 이런 기본적인 행위들이 기술의 시대에는 더 큰 의미를 갖게 된다.

기술이 우리의 시선을 화면 한쪽으로 고정시키는 동안, 우리 삶의 중요한 장면들은 작은 틈 사이로 조용히 사라져 간다. 디지털 디톡스는 그 장면들을 다시 붙잡는 일이다.

사람들은 종종 말한다. "조금 덜 보고, 조금 덜 알고 살아도 괜찮다"라고. 이 말은 단순한 자기 위로가 아니라, 회복의 선언이다. 우리는 점점 더 많이 연결될수록 역설적으로 더 쉽게 지쳐간다. 연결은 곧 부담이 되고, 정보는 곧 피로가 되고, 반응은 곧 책임처럼 느껴진다.

이 흐름에서 잠시 벗어나는 것이 디지털 디톡스의 핵심이다. 기술이 불러오는 과잉에서 벗어나 내 삶의 울타리를 다시 세우는 일, 내 존재의 주권을 되찾는 일이다. 이 주권이 회복될 때, 우리는 기술을 거부하지 않으면서도 기술에 휘둘리지 않을 수 있다.

디지털 디톡스는 스크린을 완전히 버리고 도망치는 행위가 아니다. 스크린과 나 사이에 적당한 거리를 두는 행위다. 거리의 존재는 관계를 파괴하지 않는다. 오히려 건강하게 만든다.

너무 가까우면 경계가 무너지고, 너무 멀어지면 단절이 생긴다. 중요한 건 나를 지키는 적절한 거리, 마음이 숨 쉴 수 있는 여유, 감각이 되살아나는 틈을 마련하는 것이다. 그 틈이 생길 때 우리는 스크린을 더 건강하게 사용할 힘을 얻는다.

기술의 세계가 아무리 광대해져도, 나의 속도는 기술이 아니라 내가 정한다는 사실을 다시 기억하게 된다.

현실의 감각은 생각보다 가까운 곳에 있다.

따뜻한 커피잔의 온도, 도시의 새벽 냄새, 사람의 얼굴에서 잠깐 스쳐 지나가는 표정의 미세한 흔들림, 방 안에 들어오는 자연광의 각도, 내가 걷는 속도에 따라 달라지는 발걸음의 소리. 이런 사소한 감각들은 디지털 세계에서는 절대 대체할 수 없는 경험들이다.

우리는 이런 감각들을 통해 '살아 있다'는 감각을 회복한다. 감각이 돌아오면 마음도 돌아오고, 마음이 돌아오면 존재가 다시 제자리를 찾는다.

디지털 시대를 살아간다는 것은 기술과 감정의 경계에서 균형을 조율하는 일이다.

우리는 기술을 거부할 수도 없고, 완전히 받아들일 수도 없다. 그렇다면 디지털 디톡스는 단절이 아니라 조율이다. 기술의 속도와 마음의 속도를 혼동하지 않기 위해 두 속도 사이에 나만의 리듬을 세우는 일이다. 세상을 빠르게 계산하는 기술의 움직임과 세상을 천천히 느끼는 인간의 감각이 충돌하지 않도록 서로의 거리를 조정하는 일이다.

그 리듬이 회복될 때 우리는 기술의 시대를 살면서도 인간으로 남을 수 있다.

결국 디지털 디톡스는 스크린에서 도망치는 일이 아니라 현실로 돌아오는 일이다. 현실이 가진 촉감, 온도, 결, 숨결을 다시 느끼며 마음의 자리를 회복하는 일이다.

기술이 아무리 정교해져도 인간의 감각을 대신 살아줄 수는 없다. 우리는 이 감각 속에서 천천히 깨닫는다. 세상은 여전히 스크린 너머에도 존재하며, 내 삶은 여전히 내 몸이 머무는 이 자리에서 시작된다는 것을.

1 ··· 화면을 끈 마지막 순간, 내 몸이 가장 먼저 느낀 감각은 무엇이었나?

2 ··· 스크린을 오래 본 뒤 찾아오는 '기묘한 부유감'은 지금 나에게 무엇을 말하고 있을까?

3 ··· 오늘 내가 놓친 현실의 작은 장면(빛, 표정, 공기, 움직임)은 무엇이었나?

4 ··· 기술의 속도를 잠시 내려놓았을 때 비로소 되돌아오는 '내 속도'는 어떤 모습인가?

9

몸이 먼저 말해주는 마음의 언어

두통과 피로, 감정이 남긴 흔적

나는 두통을 자주 겪는 편은 아니지만, 찾아오는 순간만큼은 기가 막히도록 정확하게 알아챈다. 미세먼지가 심할 때, 생리 직전일 때, 그리고 몸에서 열이 피어오르기 시작할 때. 이 셋은 거의 규칙처럼 반복된다.

미세먼지는 통제할 수 없는 변수지만, 월경과 열은 예측 가능한 리듬을 갖고 있어서 마음만 먹으면 대비할 수 있다. 특히 '열'은 내게 단순한 신체 반응을 넘어, 마음의 상태를 가장 먼저 알려주는 지표처럼 작동한다. 마음이 약해지기 시작하면 가장 먼저 열이 인사하듯 찾아오는데, 이렇게까지 공식을 세울 수 있다는 사실이 우스우면서도 신기하다.

두통이나 이유 없는 피로는 일상에서 가장 흔해 쉽게 흘려보내는 신호지만, 실제로는 꽤 깊은 곳에서 올라온 마음의 잔향일 때가 많다.

하루 동안 쌓인 긴장이 어깨와 목을 죄어오고, 풀리지 못한 감정의 잔열이 머리 쪽으로 몰리며 묵직한 통증으로 바뀐다. 마음은 "괜찮다"라고 우긴다 해도, 몸은 이미 오래전부터 "괜찮지 않다"라는 사실을 알고 있었던 셈이다.

우리는 흔히 두통의 원인을 수면 부족이나 날씨, 일정 탓으로 돌리지만, 두통 뒤에는 말하지 못한 감정의 덩어리가 조용히 웅크리고 있는 경우가 더 많다.

스트레스가 지속되면 몸은 교감신경계 중심의 과각성 상태에 머물게 되고, 이 긴장은 스스로 풀어지지 않은 채 버티기 모드로 전환된다.

이 과정에서 이마, 관자놀이, 턱 주변의 근육은 미세하게 굳는다. 아무 작업도 하지 않았는데 어깨가 뻐근하고, 잠에서 깼을 뿐인데도 이미 하루치 에너지를 다 쓴 듯한 피로가 느껴지는 순간이 찾아오는 이유다.

몸은 우리가 생각보다 훨씬 빠르게 감정을 감지하고, 훨씬 진실하게 반응한다. 마음이 "괜찮아"라고 말하는 동안, 신체는 이미 오래전부터 "그만하자"라고 신호를 보내고 있는 셈이다.

감정은 늘 몸을 통과해 형태를 바꾼다. 억눌린 분노는 열감, 압박감, 어깨의 경직으로 변형되고, 말하지 못한 슬픔은 무거운 무기력과 깊은 피로감으로 스며든다. 불안은 가슴 주변의 답답함과 얕아진 호흡으로 형태를 달리하며 몸을 흔든다.

감정과 신체는 별개의 영역이 아니라 한 개의 시스템처럼 움직이기 때문에, 마음이 과부하를 겪을 때 몸이 먼저 반응하는 것은 너무나 자연스러운 일이다. 감정을 이성으로 제어하려고 애쓰지만, 몸은 그런 시도를 애써 따라주지 않는다. 몸은 언제나 솔직하고, 거짓말을 하지 않기 때문이다.

그래서 일상에서 느껴지는 작은 통증들은 중요한 기록이 된다. 퇴근 시간만 다가오면 눈 밑이 쑤시는 이유, 사람 많은 곳에 다녀온 날이면 아무 이유 없이 몸이 천근만근 무거운 이유, 사소한 갈등을 겪고 난 뒤 밤에 잠들지 못하고 머리가 지끈거리는 이유…. 이런 신호들은 단순한 피곤함이 아니라 "무언가 불편했고, 상처받았고, 긴장하고 있었다"라는 몸의 보고서에 가깝다.

감정을 억누르거나 뒤로 미루는 습관이 반복될수록, 신체는 더 강한 방식으로 메시지를 남긴다. 통증의 강도와 패턴은 마음이 자신을 어떻게 다루고 있는지를 가장 먼저 말해주는 언어다.

몸이 먼저 아프고 마음이 나중에 따라오는 것처럼 느껴지는 이유도 여기에 있다. 마음속 감정은 언어화되지 않으면 흐릿한 채 남아 있지만, 몸은 감정을 명확한 형태로 변환해 저장한다.

어떤 날은 이유 없이 피곤하고, 어떤 날은 특별한 사건이 없어도 두통이 찾아온다. 사실 그 '이유 없음'은 이유가 없어서가 아니라, 우리가 알아채지 못했기 때문인 경우가 더 많다. 몸은 이미 오래전부터 말하고 있었고, 이제는 그 말에 귀를 기울이는 일이 필요하다.

두통과 피로는 단순한 신체 증상이 아니다. 그것은 마음이 한동안 방치했던 이야기이고, 감정이 지나간 자리의 흔적이며, 자신을 돌보지 못한 시간의 기록이다.

두통과 피로가 반복되는 사람들에게서 흔히 발견되는 공통점이 있다. 바로 '감정을 밀어두는 습관'이다. 해야 할 일을 먼저 처리하고, 관계에서 요구되는 역할을 충실히 수행하다 보면, 자신의 감정은 늘 마지막 순번으로 밀려난다. 그 순간에는 아무 일도 아닌 것처럼 느껴져도, 감정은 사라지는 것이 아니라 '보관'될 뿐이다.

그리고 그 보관된 감정들은 일과가 끝난 늦은 저녁이나, 혼자 있게 되는 순간, 혹은 아무도 예상하지 못한 일상의 틈에서 통증이라는 형태로 조용히 모습을 드러낸다.

하루 동안 붙잡지 못했던 감정이 밤이 되면 머리를 조여오고, 단한 번도 들여다보지 못한 스트레스가 주말이 되면 폭발적인 피로로 쌓인다. 감정은 시간에 따라 증식하는 성질을 지니기에, 제때 내려놓지 않으면 더 강한 방식으로 드러날 수밖에 없다.

또 하나 중요한 사실은 몸의 감각이 단순히 '감정의 결과'만은 아
니라는 점이다. 몸은 감정을 만든 원인에도 영향을 미친다. 깊은 피
로가 누적된 상태에서는 작은 스트레스도 더 크게 느껴지고, 경직된
근육은 감정을 더 예민하게 반응하도록 만든다.

이처럼 감정과 신체는 서로 영향을 주고받으며 악순환을 강화한
다. 그래서 충분한 휴식 없이 일을 반복하거나, 긴장을 푸는 시간을
자신에게 허락하지 않으면, 마음은 점점 더 쉽게 불안해지고, 감정의
회복 속도는 훨씬 느려진다.

몸이 지쳤다는 신호를 무시할수록 마음 또한 제 기능을 잃어간다.
우리가 흔히 경험하는 '별일 아닌데도 버겁다'라는 감각은 이 악순환
의 전형적인 증거다.

무엇보다 중요한 것은 몸의 감각을 '경고'가 아닌 '대화'로 받아들
이는 태도이다. 통증을 단순히 제거해야 할 문제로만 여기면, 우리는
매번 같은 지점에서 막혀버린다.

하지만 몸의 반응을 스스로와의 대화라고 생각하면, 그 신호는 훨
씬 풍부하고 명확한 의미를 가지게 된다. 두통이 심해지는 특정 시
점, 피로가 가파르게 몰려오는 상황, 몸이 예민하게 반응하는 관계나

장소를 파악하기 시작하면 감정의 패턴이 드러난다. 그리고 그 패턴을 이해하는 순간부터 우리는 비로소 '관리하는 삶'에서 벗어나 '조율하는 삶'으로 이동하게 된다.

몸의 신호를 억누르는 것이 아니라, 그 신호를 통해 감정을 조정하고 일상의 흐름을 다시 설계하는 방식으로 살아가게 되는 것이다.

1 … 지금 내 몸은 어디에서 가장 강한 신호를 보내고 있는가?

2 … 그 부위는 지금 나에게 어떤 말을 건네고 있는가?

3 … 그 말을 들었을 때 내 마음은 어떤 반응을 보이는가?

4 … 그 부위에 지금 내가 해주고 싶은 말은 무엇인가?

호흡과 이완, 긴장을 풀어내는 기술

긴장은 종종 몸이 가장 먼저 보내는 미세한 경고음처럼 찾아온다. 마음은 "괜찮다"라고 말하지만, 몸은 이미 오래전부터 "아니야, 조금 힘들어"라고 조용히 신호를 보냈던 것이다.

어깨가 이유 없이 굳고 턱이 잔뜩 조여 있고, 숨이 갑자기 짧아지는 순간들. 우리는 그것을 '그냥 피곤해서' 혹은 '오늘 일정이 많아서'라고 간단히 넘기곤 한다.

하지만 몸은 마음보다 정직하고, 마음보다 먼저 위험을 감지하며, 마음이 다치기 전에 대신 긴장을 떠안는다.

그래서 호흡과 이완은 단순히 근육을 풀기 위한 절차가 아니라, 마음이 미처 감당하지 못한 긴장을 몸이 대신 내려놓게 하는 기술이다.

천천히 한 번 내쉬고, 굳어 있던 그 부위를 알아차리기만 해도 몸은 "이제 괜찮아"라는 작은 메시지를 회복한다. 이것은 거창한 수행이 아니라, 단 몇 초의 숨이 마음을 다시 '지금, 이 자리'로 데려오는 과정이다.

하루를 지나며 우리가 가장 쉽게 잃어버리는 것도 숨이고, 가장 쉽게 되찾을 수 있는 것도 숨이다. 긴장할 때 숨은 목 근처에서 짧게 끊어지는데, 이때 들숨보다 날숨을 길게 만들어주는 것만으로도 신경계는 서서히 안정으로 돌아온다.

구체적으로는 다음과 같이 해볼 수 있다.

코로 4초 동안 천천히 들이쉬고, 입이나 코를 통해 6~8초에 걸쳐 길게 내쉰다. 이 비율이 중요한 이유는 부교감신경을 활성화하여 '휴식과 회복' 모드로 전환하기 때문이다. 호흡의 길이는 곧 마음의 여유와 비례한다. 천천히 내쉬는 숨은 '괜찮지 않았던 오늘'을 조용히 봉합해주는 실과도 같다.

어느 날, 나는 중요한 발표를 앞두고 대기석에 앉아 있었다. 손이 차갑게 식고, 심장은 귀 근처까지 뛰어오르는 것 같았다. 그때 문득 내 숨이 목에 걸려 있다는 걸 알아차렸다. 마치 숨이 가슴 아래로 내려가지 못하고 목 언저리에서만 빠르게 왕복하는 느낌이었다.

그래서 의자 등받이에 등을 완전히 기대고, 손을 배 위에 얹은 채 숨을 천천히 복부까지 내려보냈다. 4초 들이쉬고, 8초 내쉬는 것을 다섯 번 반복하자 손이 조금씩 따뜻해지기 시작했다.

극적인 변화는 아니었지만, 최소한 '내가 지금 여기 있다'라는 감각은 돌아왔다. 그 작은 회복이 나를 발표장으로 다시 데려갔다.

흥미롭게도 몸이 느슨해지기 시작하면 마음도 자연스럽게 허용의 상태로 넘어간다. 그제야 비로소 '내가 지금 무엇을 느끼고 있었는지'를 차분히 바라볼 수 있게 된다. 회복은 언제나 가장 단순한 지점에서 시작하고, 숨은 그 단순함의 가장 충실한 도구다.

몸 곳곳을 천천히 훑어보면 그동안 무심히 지나쳤던 신호들이 다시 모습을 드러낸다. 어깨는 책임과 부담을 오래 견딘 사람처럼 굳어 있고, 턱은 말하지 못한 감정을 꽉 다문 채 버티고 있으며, 복부는 불안이 고여 단단한 흙처럼 경직되어 있다.

몸은 이렇게 '말하지 못한 것들'을 대신 저장하는 창고처럼 작동한다. 신체 스캔을 한다는 것은 이 창고를 조심스럽게 열어, 미처 정리하지 못한 마음의 조각들을 하나씩 손에 쥐어보는 행위다.

'왜 아프지?'보다 '여기가 이렇게 오래 버텼구나'라는 태도는 그 자체로 치유의 시작이며, 몸은 누군가 자신을 알아채는 순간부터 힘을 조금씩 풀기 시작한다.

이완은 사실 아주 작은 움직임만으로도 시작된다. 턱의 힘을 살짝 풀어주는 것, 손끝을 가볍게 흔들어보는 것, 어깨를 귀 쪽으로 끌어 올렸다가 천천히 떨어뜨리는 것, 혹은 의자 등받이에 등을 완전히 맡기는 행위.

별것 아닌 것처럼 보이지만 몸은 이런 사소한 신호들을 통해 "지금은 안전하다"라는 메시지를 반복해 학습한다.

몸이 부드러워지면 마음도 바로 그 뒤를 따라온다. 우리는 흔히 '마음을 다스리는 법'을 생각이나 태도를 바꾸는 과정으로만 이해하지만, 때로는 몸을 통해 마음으로 들어가는 길이 훨씬 정확하고 빠르다. 몸은 늘 솔직하고 즉각적이며, 어떤 감정보다 먼저 반응하는 영역이기 때문이다.

긴장을 풀 때 특별히 도움이 되는 것은 몸의 감각을 대체할 누군가의 평가나 조언이 아니라 바로 '자기 자신에 대한 관찰'이다.

게슈탈트 심리(Gestalt Psychology)[인간의 정신 현상을 개별 요소의 합이 아닌 의미 있는 전체로 파악하는 심리학 이론]에서 말하듯, 지금 내 안에 무엇이 일어나고 있는지 '지금-여기'를 중심으로 바라보는 것만으로도 우리는 이미 변화의 첫 단계에 들어선다.

몸에서 가장 먼저 반응한 곳은 어디인지, 만약 그 부위가 목소리를 갖고 있다면 어떤 표정과 말투로 나에게 무엇을 건넬지, 나는 그 말을 들었을 때 어떤 감정이 올라오는지, 그리고 그 자리를 편안하게 해주기 위해 지금 내가 할 수 있는 가장 작은 행동은 무엇인지….

이런 질문들을 던지는 동안 몸은 생각보다 훨씬 솔직한 답을 내어놓는다.

그리고 마지막으로, 이 모든 과정이 끝났을 때 내 호흡·감정·자세가 조금이라도 달라졌는지 스스로 확인해 본다. 변화는 항상 극적인 사건에서 시작되는 것이 아니라, 이런 미세한 알아차림의 순간들에서 자란다.

몸의 작은 움직임과 짧은 숨 한 번이 마음의 결을 바꿔놓고, 긴장을 천천히 해체해간다. 호흡과 이완은 결국 '자신에게 돌아오는 기술'이며, 하루가 아무리 복잡하고 벅찼더라도 우리는 언제든 이 기술을 통해 다시 자신을 회복할 수 있다.

1 … 지금 내 숨은 어디에서 머물고 있는가?

2 … 지금 내 몸에서 가장 먼저 감지되는 감각은 어떤가?
   (통증·압박·열감·묵직함·흐릿함 등)

3 … 그 부위가 말할 수 있다면, 나에게 무엇이라고 말할 것 같은가?

4 … 오늘 하루 동안 몸이 몰래 대신 감당해준 것은 무엇일까?
   (말하지 못한 감정, 끝내 삼켜버린 생각, 억눌렀던 짐)

걷고 움직이며 다시 살아나는 마음

정신이 복잡해질 때, 마음이 제일 먼저 멈추는 것은 생각이 아니라 몸이다. 생각은 계속 달리는데 몸은 자리에 붙박이로 굳어버리고, 한참을 그렇게 버틴 뒤에야 비로소 우리는 "아, 나 지금 괜찮지 않구나" 하고 뒤늦게 눈치챈다.

걷기와 움직임은 마음의 회복을 위해 가장 오래전부터 사용되던 방식이다. 몸이 먼저 움직여야 마음도 뒤따라 움직인다. 정지된 상태에서는 아무리 좋은 통찰도 제대로 스며들지 않고, 마음은 좁아진 시야 안에서 같은 걱정만 반복한다.

반면 움직임은 몸과 마음 사이에 갇혀 있던 통로를 천천히 다시 열어준다.

어느 날, 나는 마감에 쫓겨 책상 앞에서 세 시간을 움직이지 못했다.

머리는 복잡한데 손은 멈춰 있고, 화면만 멍하니 바라보고 있었다.

문장은 한 줄도 나아가지 않았고, 불안만 자꾸 커졌다. 결국 밖으로 나가 아파트 단지를 한 바퀴 돌았다.

10분쯤 지났을까, 발바닥에 땅을 딛는 감각이 선명해지면서 머릿속 안개가 조금씩 걷혔다. 걸음이 만들어내는 일정한 리듬 속에서 생각들이 제자리를 찾기 시작했다. 그제야 '내가 지금 무엇을 두려워하고 있었는지' 보이기 시작했다. 책상 앞에서는 보이지 않던 것이 걸으면서 보였다.

걸을 때 독특한 변화가 일어난다. 생각의 속도가 어수선하게 빨라지던 흐름이 걸음의 박자에 맞춰 차분하게 정렬되고, 시야가 넓어지면서 사고도 넓어진다.

걷는다는 것은 어찌 보면 머릿속에 뒤엉켜 있던 선들을 하나씩 풀어내는 과정에 가깝다.

발은 앞으로 나아가는데 생각은 자연스럽게 뒤에서 따라오고, 그 사이에 마음은 미세하게 정돈된다.

많은 사람이 고민이 깊어질 때 본능적으로 밖으로 나가 걸으며 숨을 돌린다. 움직임은 마음이 '생각 → 감정 → 해석'의 순서를 다시 찾도록 도와주는 조용한 안내자다.

걷기와 같은 규칙적인 리듬은 신경계의 안정에도 큰 역할을 한다. 일정한 속도로 반복되는 발걸음은 미주신경(vagus nerve)을 부드럽게 자극하고, 이는 심박과 호흡을 안정시키며 불안을 낮춘다.

얕았던 호흡이 조금씩 깊어지면서 과도하게 예민해져 있던 시스템이 "괜찮아, 위협은 없어" 하고 다시 진정된다. 몸이 스스로 안정감을 회복하는 것이다.

불안할 때는 가만히 앉아 있는 것보다 천천히 움직이는 편이 오히려 더 안전하다. 앉아 있으면 생각은 제자리에서 맴돌지만, 걸으면 생각이 앞으로 흐르기 시작한다.

몸이 움직이면 마음도 고착된 지점에서 벗어날 수 있다. 움직임은 마음이 다시 자신을 받아들일 수 있는 공간을 만든다.

걷기라고 해서 멀리 나갈 필요도 없고, 목적 있는 산책일 필요도 없다. 집 안에서 방과 주방을 몇 번 오가는 것만으로도, 계단을 한두 층 오르내리는 것만으로도, 머리와 몸은 충분히 풀리기 시작한다.

작은 움직임이 쌓이면 신경계는 더 이상 '멈춤' 상태에 머물지 않는다.

중요한 것은 거리나 속도가 아니라 '움직였다'라는 사실 자체다. 움직임은 마음이 다시 살아날 수 있는 토대를 만든다.

걷는 동안 자기에게 연결되는 몇 가지 리듬이 있다.

첫째, 발바닥이 바닥을 딛는 감각이다. 걸을 때 발바닥 전체가 땅에 닿는 순간을 의식해보자. 뒤꿈치가 먼저 닿고, 발바닥 중앙을 거쳐, 발가락 끝으로 체중이 이동하는 그 흐름.

이 감각에 집중하면 생각은 자연스럽게 '지금, 이 발걸음'으로 모인다.

둘째, 자연스레 깊어지는 호흡이다. 걷기 시작하면 호흡은 저절로 깊어진다. 걸음의 리듬에 맞춰 '들숨 두 걸음, 날숨 세 걸음' 정도로 호흡을 맞춰보면, 몸은 더 안정된 상태로 들어간다.

셋째, 걸음이 만들어내는 리듬에 맞춰 넓어지는 시야이다. 고개를 들어 먼 곳을 바라보면 시야가 확장되고, 그와 함께 마음도 좁았던 터널에서 빠져나온다.

이 세 가지가 동시에 살아나는 순간, 마음은 다시 '지금 여기'로 돌아온다. 온종일 무의식적으로 쥐고 있던 긴장도 조금씩 풀리고, 설명하기 어려운 압박감도 서서히 사라진다.

걷기의 회복력은 결국 우리가 잊고 있었던 '특별하지 않아도 되는 회복 방식'을 떠올리게 한다. 가장 단순한 방법이 마음을 다시 살린다.

1 ··· 걸으면서 가장 먼저 돌아오는 감각은 무엇인가?
   (발바닥의 압력, 바람의 온도, 시야의 확장, 어깨의 이완 등)

2 ··· 내가 걸을 때 자연스럽게 떠오르는 생각의 흐름은 어떤가?
   (앉아 있을 때보다 더 정돈되는가, 아니면 더 자유로워지는가?)

3 ··· 지금 내 몸이 가장 원하는 움직임은 무엇일까?
   (천천히 걷기, 제자리에서 몸 흔들기, 스트레칭, 계단 오르내리기 등)

4 ··· 오늘 내 몸이 나를 위해 움직여준 순간을 하나만 떠올린다면?
   (출근길 걷기, 계단 오르기, 짧은 산책 등 _ 작은 움직임에 감사하기)

나는 기대어 온 것들로 만들어진다

혼자 해낼 수 있다는 믿음은
어쩌면 우리가 가장 오래 붙잡아온 착각일지도 모른다.
사실 우리는 늘 누군가의 말, 시선, 손길, 침묵에
기대어 살아왔다.
다만 그것을 인정하지 않으려 했을 뿐이다.

'나'라는 존재는
완전히 홀로 만들어진 것이 아니다.
타인에게서 건네받은 말,
버티지 못하던 순간에 기대었던 마음,
이해받았던 기억과 상처 입었던 흔적까지
모두가 축적되어 지금의 나를 이룬다.
그것들을 내 안으로 들여와
나만의 언어와 무게로 체화했을 때

우리는 그것을 '나'라고 부른다.

그러므로 힘이 없을 때

나시 누군가에게 기대는 일은

퇴행도, 약함도 아니다.

그것은 우리가 애초에 그렇게 만들어진 존재라는

자연스러운 증거에 가깝다.

기댐은 의존이 아니라,

다시 내 안에 힘을 쌓기 위한 과정이다.

이 책의 언어가

당신을 대신해 서 있기를 바라지는 않는다.

다만, 잠시 앉아 숨을 고를 수 있는 자리,

마음 에너지가 응축된 그늘 같은 공간이 되기를 바란다.

너무 뜨거운 생각들로 지칠 때,

조금은 몸을 내려놓아도 괜찮은 곳으로.

당신은 이미

많은 것에 기대어 여기까지 왔다.

그리고 그 기대의 흔적들은

당신을 약하게 만들지 않았다.

오히려 지금의 무게를 견딜 수 있는

힘의 형태로 남아 있다.

언제든 다시
기댈 곳이 필요해질 때,
이 언어들이 그늘이 되어주기를.
그리고 당신 역시
언젠가 누군가에게
조용히 기대어도 되는 사람이 되어 있기를.

나를 지탱해주는 언어

발행일 | 2026년 2월 25일 초판 1쇄
지은이 | 유세진
펴낸이 | 장영훈
펴낸곳 | (주)이츠북스
책임편집 | 고은경
편집 | 최지민, 이현아
마케팅 | 남선희, 김정빈
디자인 | 디자인글앤그림

출판등록 | 2015년 4월 2일 제2021-000111호
주소 | 서울특별시 강서구 화곡로 416, 1715~1720호
대표전화 | 02-6951-4603
팩스 | 02-3143-2743
이메일 | 4un0-pub@naver.com

홈페이지 | www.4un0-pub.co.kr
SNS 주소 | 페이스북 www.facebook.com/saungonggam
인스타그램 www.instagram.com/saungonggam_pub
블로그 blog.naver.com/4un0-pub

ISBN | 979-11-94531-33-3 (03180)

사유와공감은 (주)이츠북스의 출판 브랜드입니다.

사유와공감은 독자 여러분의 책에 관한 아이디어와 원고 투고를 기쁜 마음으로 기다리고 있습니다. 책 출간 아이디어가 있으신 분은 이메일 4un0-pub@naver.com 또는 사유와 공감 홈페이지 '작품 투고'란으로 간단한 개요와 취지, 연락처 등을 보내 주세요. 여러분을 언제나 응원합니다. ♡